10대와 통하는

말하기와 토론

10대와 통하는 말하기와 토론

제1판 제1쇄 발행일 2016년 4월 19일
제1판 제4쇄 발행일 2022년 5월 15일

지은이 —— 고성국
기 획 —— 책도둑(박정훈, 박정식, 김민호)
디자인 —— 장원석
펴낸이 —— 김은지
펴낸곳 —— 철수와영희
등록번호 —— 제319-2005-42호
주 소 —— 서울시 마포구 월드컵로 65, 302호(망원동, 양경회관)
전 화 —— (02)332-0815
팩 스 —— (02)6003-1958
전자우편 —— chulsu815@hanmail.net

ISBN 978-89-93463-89-7 43170

철수와영희 출판사는 '어린이' 철수와 영희, '어른' 철수와 영희에게
도움 되는 책을 펴내기 위해 노력하고 있습니다.

10대를 위한 책도둑 **24** 시리즈

10대와 통하는
말하기와 토론

● 고성국 지음 ●

철수와영희

민주주의 사회에서
대화와 토론의 중요성

여러분은 제가 누군지 잘 아시리라 생각합니다. 저는 보잘것없는 에이 브러햄 링컨입니다. 이번에 여러 친구들의 권고로 주 의회에 입후보했 습니다. 저의 정책은 늙은 부인의 춤처럼 짧고 재미난 것입니다. 저는 국립은행에 찬성합니다. 저는 보호관세에 찬성합니다. 저의 마음과 정 책은 이상과 같습니다. 만일 당선이 되면 고맙겠습니다. 그러나 당선이 되지 않아도 마찬가지입니다.

87년 전 우리 조상들은 자유의 정신과 모든 사람은 평등하다는 신념으 로 이 대륙에 새 나라를 건설했습니다. 현재 우리는 커다란 내전의 한 복판에 서 있고 이 나라, 또는 이와 같은 정신으로 세워진 나라가 영속 할 수 있느냐 없느냐의 시험을 받고 있습니다. (…) 우리가 여기서 하는 말을 세계는 그다지 신경 쓰지 않을 것입니다. 또 오래 기억하지도 않을 것입니다. 그러나 그들이 여기에서 한 일은 결코 잊지 않을 것입니다. (…) 우리는 이 나라가 신의 보호 아래 새로운 자유의 탄생을 맞게 되고, 마침내 국민의 국민에 의한 국민을 위한 정치가 지상에서 영원히 사라지지지 않도록 해야 합니다.

위의 두 글은 미국의 16대 대통령 링컨이 남긴 연설문 중 일부입니다. 첫 번째가 1832년 3월 9일 23세의 청년 링컨이 일리노이 주의회 선거에 출마했을 때의 유세 연설이고 두 번째는 1863년 11월 19일 남북전쟁 최대의 격전 중 하나였던 게티즈버그 전투의 전사자들을 기리는 추모 연설입니다. 둘 사이에는 31년이라는 세월이 놓여 있지요.

나는 앞의 연설을 더 좋아합니다. 1분도 채 안 되는 짧은 연설이지만 그 안에 링컨의 인간적 면모가 잘 드러나 있기 때문입니다. 이때의 링컨은 정치인의 길을 가고자 하는 앳된 청년에 불과했습니다. 청년 시절 링컨은 사업을 하다 큰 빚을 지기도 했습니다. 이를 갚기 위해 막일도 마다하지 않지요. 이를 본 주변 사람들은 그를 "정직한 에이브"(honest Abe)라고 불렀다고 합니다. 첫 번째 연설에는 이렇듯 진솔하고, 소탈하고 정직한 청년 링컨의 인품이 잘 드러나 있습니다.

두 번째 연설은 링컨이 대통령 재임 시절에 한 것입니다. 노련한 정치인으로서 화려한 수사가 돋보이는 명연설입니다. 여기에도 자신의 생각을 진솔하게 전달하려는 태도를 엿볼 수 있습니다. 미국 역사상 가장 혼란스러웠던 시기, 링컨은 대통령으로서 또한 한 인간으로서 진심을 담은 연설을 통해 국민들을 설득하고 전쟁으로 갈라진 나라를 하나로 재통합했습니다.

> 나에게는 꿈이 있습니다. 언젠가 이 나라가 모든 인간은 평등하게 태어났다는 것은 자명한 진실로 받아들이고 그 신성한 의미를 신조로 살아가게 되는 날이 오리라는 꿈입니다. 나에게는 꿈이 있습니다. 언젠가는 조지아 주의 붉은 언덕 위에 예전에 노예였던 부모의 자식과 그 노예의 주인이었던 부모의 자식들이 형제애의 식탁에 함께 둘러앉는 날이 오리라는 꿈입니다. 나에게는 꿈이 있습니다. 언젠가는 불의와 억압의 열기에 신음하던 저 황폐한 미시시피 주가 자유와 정의의 오아시스가 될 것이라는 꿈입니다. 나에게는 꿈이 있습니다. 내 아이들이 피부색이 아니라 그들의 인격에 따라 평가받는 그런 나라에 살게 되는 날이 오리라는 꿈입니다. (…) 지금 나에게는 꿈이 있습니다. 모든 계곡에 기쁨이 넘쳐나고, 모든 언덕과 산이 낮아지고, 황무지가 옥토가 되고, 굽은 길이 펴지고, 하느님의 영광이 드러나는, 그리고 모든 사람들이 함께 이것을 목도하는 꿈입니다.

위의 글은 '나에게는 꿈이 있습니다'라는 제목의 연설문 중 일부입니다. 흑인 인권운동가 마틴 루서 킹이 1963년 8월 28일 워싱턴 집회에서 20만 명의 청중들을 앞에 두고 했던 연설이지요. 이 연설은 두고두고 많은 이들에게 감동을 주었습니다. 그의 말 속에는 억압받는 이들의 증오와 분노 대신 인류에 대한 사랑과 희망이 담겨 있었기 때문입니다.

　마틴 루서 킹은 당시 미국 사회에 만연하던 인종 차별에 온몸으로 저항했던 사람입니다. 1963년 봄에는 앨라배마 주 버밍햄에서 인종 차별에 항의하던 수백 명의 학생들과 함께 수감되기도 했지요. 이에 항의해서 미국 전역에서만 10주 동안 무려 750회 이상의 시위가 벌어졌습니다. 그만큼 마틴 루서 킹은 많은 이들로부터 지지와 존경을 받고 있었습니다. 단지 그가 억압받는 이들의 편에 섰기 때문만은 아닙니다. 그는 진심이 사람들의 마음을 움직일 수 있다고 진정으로 믿었습니다. 그리고 마침내 승리했지요. 연설이 있고 나서 2년 후 흑인들에게도 참정권이 주어집니다. 이후 미국 흑인의 인권은 비약적인 발전을 이루게 되지요. 이 유명한 연설에는 인류의 진보에 대한 믿음이 잘 드러나 있습니다.

　다음은 독립운동가 도산 안창호 선생이 1919년 상하이에서 행한 대중 연설문 중 일부입니다.

　　우리는 일본을 원망하고, 이완용을 원망하고, 우리 국민의 무기력함을 원망하고, 심지어 우리 조상을 원망하고, 선배를 원망하였으나, 일찍 한 번도 나 자신을 원망한 일은 없었소. 마치 망국의 모든 죄는 다 남에게 있고 나 하나만이 무죄한 피고자인 것처럼 생각하고 있었으니, 이것이 책임 전가가 아니고 무엇이오!

우리 민족은 국치의 금일 불행의 책임을 자기 이외에 돌리려고 하니, 대관절 당신은 왜 못나고 남만 책망하시오. 우리나라가 독립이 못 되는 것이 '아마 나 때문이로군' 하고, 왜 가슴을 두드리고 아프게 뉘우칠 생각은 못 하고, 어찌하여 내가 죽일 놈이라고 왜들 깨닫지 못하시오!

나라를 잃고도 아직 그 잘못을 깨닫지 못하고 서로 헐뜯고 있는 민족에게 대각성을 촉구히는 도산의 뜨거운 민족 사랑, 나라 사랑의 심정이 절절히 전해 옵니다. 일제 강점기에 도산의 연설은 어떤 무기보다도 더 위력적으로 일본의 철권통치를 위협했습니다. 이 사실을 잘 알고 있던 일제는 도산의 입을 틀어막기 위해 감옥에 가두었지요. 결국 도산은 병보석으로 풀려난 직후인 1938년 유명을 달리합니다.

앞에서 소개한 몇 편의 글은 지금까지 많은 이들의 존경을 받고 있는 위인들의 연설입니다. 이 밖에도 훌륭한 연설로 역사의 물줄기를 바꾼 경우를 우리는 잘 알고 있습니다. 그렇습니다. 말은 인류가 발명한 최고의 의사소통 도구이자 정치의 강력한 수단입니다.

우리는 말 없이는 살 수 없습니다. 사람 간 소통이 없다면 사회가 유지되지 않겠지요. 인간 사회가 동물들이 본능에 의해 형성한 '군집'과 다른 이유도 바로 이것입니다. 인간 사회는 다른 사람들에게 자신의 의사를 전달할 수 있는 독립된 개인들로 구성되어 있습니다. 의사소통의 수단인 언어의 중요성이 그만큼 크다는 것입니다.

말을 잘하려면 생각이 깊어야 합니다. 그러나 아무리 생각이 깊어도 이를 효과적으로 전달하지 못하면 소용이 없겠지요. 일상생활에서도 마찬가지입니다. 가족과의 의사소통이 잘 안 되면 불필요한 오해로 관계가 흐트러질 수도 있습니다. 학교생활도 마찬가지지요. 조리 있게 자신의 생각을 표현하는 친구들은 교우 관계가 좋을 뿐만 아니라 공부도 잘합니다. 취업도 마찬가지지요. 면접관 앞에서 자신의 능력과 자질을 얼마나 잘 전달하느냐가 당락을 좌우하기도 합니다. 말로 자신을 표현하는 능력은 개인적인 차원에서만 그치지 않습니다. 민주주의 사회에서 대화와 토론의 중요성은 아무리 강조해도 지나침이 없습니다. 오죽하면 '정치는 말이다'라고까지 하겠습니까.

부디 이 책을 통해 토론과 연설에 이르기까지 여러분의 말 생활이 좀 더 풍부해지고 윤택해지기를 기대합니다.

고성국 드림

차례

1부
말, 역사, 민주주의

부록

말, 역사, 민주주의

말하게 토론

말이란 무엇일까?

말을 하지 않는 사람은 없습니다. 우리는 일상에서 수많은 사람들과 대화를 나누지요. 너무나도 당연하고 자연스러워서 '말'이라는 것을 따로 생각하기가 어려울 지경입니다. 그러나 인간의 호기심은 우리가 쓰는 '말'에 대해서도 깊은 사색과 성찰을 남깁니다. 역사적으로 살펴보겠습니다.

1

신의 말이 지배하던 사회

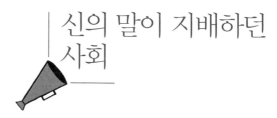

인간 사회의 주요한 문제나 인간관계에서 발생한 갈등을 해결하는 수단으로 말이 사용된 것은 언제부터일까요? 정확한 시기는 알 수 없습니다. 그러나 이를 기점으로 '신의 시대'에서 '인간의 시대'로 접어들었다는 것은 분명합니다. 이를 계기로 인간이 자연과 신을 찬양하고 경외하던 시기를 벗어나 동료와의 의사소통을 통해 새롭게 문명을 펼쳐 나갔다고 할 수 있습니다. 즉, 인간의 이성과 판단이 역사 발전의 주요 동력이 된 '말의 시대'가 된 것입니다.

이전까지 인간사의 길흉을 점치고 갈등을 조정하고 분쟁을 마무리하는 주체는 '신' 혹은 '하늘'이었습니다. 당시 사람들은 신이나 하늘의 뜻을 어떻게 알 수 있었을까요? 여기에서 등장한 것이 바로 인간과 신의 매개자인 신관과 무당 같은 존재입니다. 신관은 신탁을 해석했고 무당은 하늘의 뜻을 전했습니다. 하늘의 뜻이 세상을 지배하던 시기였으니 당연히 이들의 힘이 강했겠지요. 이런 신성불가침적인 권력을 토대로 한 것이 바로 고대 신정정치입니다.

지금도 우리는 그 흔적을 인류의 역사 곳곳에서 볼 수 있습니다. 서양 문명의 대표격인 그리스·로마가 그렇습니다. 그리스 곳곳에는 신정정치의 흔적이 많이 남아 있습니다. 파르나소스 산 중턱 해발 500미터 지점에 있는 델포이는 과거 아폴로 신을 모시던 성소입니다. 고대 그리스인들은 전쟁을 비롯해서 정치적으로 중요한 결정을 내릴 때 이곳에서 신탁을 받았습니다. 그들은 델포이를 세계의 중심으로 여겨 '세계의 배꼽'이라는 뜻의 상징물(옴파로스)을 두기도 했지요. 인간 사회의 중요한 일을 신이 결정했고 그 해석을 신관들에 맡겼던 시대였습니다.

우리나라 역사에도 신정국가가 등장합니다. 고조선을 건국하고 다스린 단군왕검은 제사장을 뜻하는 '단군'과 군주를 뜻하는 '왕검'이 합쳐진 말입니다. 제사장과 왕이 결합된 신정정치의 전형적 모습을 보여 주고 있는 것입니다.

세계의 역사에는 이처럼 '신의 말'을 인간 사회를 다스리는 원리로 채택했던 나라들이 많이 등장합니다. 이때의 '말'은 '하늘의 뜻'을 해석하는 것이면 충분했습니다. 인간의 생각, 인간의 말은 그다음이었지요. 그러다 새로운 변화가 찾아옵니다. 인간의 인지 능력이 발달하고 사회가 발전함에 따라 세상의 이치를 신과 하늘에 의탁해 설명하는 시대가 저물게 되지요. 바야흐로 '이성의 시대'가 찾아온 것입니다.

이성이란 무엇입니까? 경험을 개념화해서 원리를 익히고 이것을 체계화해서 학문으로 발전시키는 인간 고유의 능력이지요. 이성은 인간에게 진보의 날개를 달아 줍니다. 하지만, 이러한 '이성'이 머릿속에만 머물렀다면 지금과 같은 눈부신 발전은 없었을 것입니다.

이성적 판단은 말로 표현되지 않으면 아무런 의미도 없습니다. 누구도 인간의 마음속에 있는 느낌이나 생각을 알 수 없기 때문입니다. 복잡한 두뇌의 작용과 그 결과인 '생각'은 표현되었을 때 가치가 있습니다. 표현될 때만 인간의 말은 인간의 이성을 담는 그릇이 됩니다. 생각을 말로 표현하기도 하지만 말이 생각을 만들어 내기도 하지요. 먼 훗날 인간이 텔레파시를 통해 서로의 생각과 느낌을 전달할 날이 올 수도 있겠지만, 그때까지는 말의 역할은 점점 커져 갈 것입니다.

● ● ●

이성의 등장과 '인간의 말'

인간이 말로 자신을 표현하게 되면서 세상이 바뀝니다. 그동안은 신의 의지라고 생각했던 것들이 지배했는데 이제 인간의 이성이 그 자리를 대신하게 되지요. 그러자 인간에게 새로운 고민거리가 생깁니다. 바로 '인간의 다양성'과 '인간의 불완전성'이 그것입니다. 신은 그 자체로 완벽한 존재입니다. 그러나 인간은 어떨까요? 아무리 이성이 뛰어나다고 해도 인간인 이상 오류가 있을 수밖에 없겠지요.

"세계의 질서를 결정하는 인간의 이성이 불완전하다면 과연 그 결정을 따라야 하는 이유가 무엇인가?"

이 질문에 답해야 했던 고대 그리스의 철학자들은 수많은 토론을 벌였습니다. 갖가지 주장들이 나왔지요. 우선 인간이 완전한 존재가 될 수 있다는 견해가 있었습니다. 소크라테스와 플라톤이 대표적이었지요.

이들은 특별한 인간은 예외적으로 절대 진리를 이해할 수 있다고 믿었습니다. 플라톤은 그러한 사람을 '철인'(哲人)이라 불렀고 이들이 인간 세상을 통치해야 한다고 주장했습니다. 보통 사람들은 불완전하기 때문에 '철인 통치'가 이루어지지 않으면 위기가 올 것이라고 보았지요. 특히 불특정 다수에 의해 이루어지는 군중의 정치를 '중우정치'(衆愚政治)라 하여 최악의 상황으로 보았습니다. 오늘날의 민주주의 개념과는 상반되는 측면이 있지요. 대중의 현명한 선택에 의한 정치, 즉 민주정치가 구현되더라도 이를 철인정치보다는 열등한 것으로 보았습니다.

이런 관점에서 보면 '인간의 말'보다 '철인의 말'이 훨씬 중요합니다. 불완전한 존재들이 나누는 수많은 의견이라는 게 진리를 깨달은 자의 한마디보다 나을 게 없다는 것이지요. 토론이 의미 없어지면서 보통 사람의 말은 그 가치를 잃게 됩니다. 개개인의 의사를 표현할 입보다 철인의 말을 잘 듣는 귀가 중요해지는 것이지요. 물론 소크라테스나 플라톤은 대화를 중요하게 생각했습니다. 그러나 이들에게 '말'은 자신의 생각과 감정을 표현하기 위한 것이 아니라 절대적인 존재에 비해 인간이 얼마나 보잘것없는지를 증명하기 위한 수단이었습니다. 소크라테스의 변증론이 바로 그것입니다. 소크라테스는 계속적인 질문을 통해 보통 사람들의 편견과 모순을 깨닫게 하는 데 주력했습니다. 즉 변증론의 핵심은 흠 없는 질문, 좀 더 심층적이고 근본적인 질문을 통해 보통 사람들이 잘 알고 있다고 생각하는 것이 실제로는 정확하지도 않고 올바르지도 않다는 사실을 확인시켜 주는 것이었습니다. 이런 방법은 우리가 일상생활에서도 자주 쓰는 것입니다.

어떤 아이가 엄마에게 묻습니다.

"저건 뭐야?"

엄마가 대답합니다.

"꽃이야."

아이가 다시 묻지요.

"꽃이 뭐야?"

대부분의 어른들은 여기에서 막힙니다. 어려운 질문이 아닌데도 설명하기가 어렵습니다. 어쩌면 꽃의 본질에 대해 몰라서일 수도 있어요. 아이가 유도하지는 않았지만, 엄마는 아이의 질문을 통해 자신이 '꽃'에 대해 잘 알지 못한다는 사실, 혹은 설명하지 못한다는 사실을 깨닫게 되지요. 소크라테스가 사용한 변증론도 이렇습니다. 질문을 통해 인간이 감각으로 느끼는 현상의 이면에 있는 궁극적이고 근원적인 존재를 찾아가는 것이지요. 이런 식의 근원적인 질문 앞에서는 누구나 한두 번의 문답만으로 두 손을 들게 되어 있습니다. 어린아이의 질문 앞에 말문이 막힌 엄마처럼 말이지요. 소크라테스가 변증론을 통해 알리고자 했던 것은 철인이 아닌 어느 누구도 절대 진리, 즉 궁극적 원리를 알 수 없다는 사실이었습니다. 그러니 보통 사람들은 겸손하게 절대자의 소리에 귀를 기울여야 한다는 것이지요.

그 유명한 "너 자신을 알라"라는 소크라테스의 경구(警句)는 달리 말하면 "스스로 절대적 원리를 모르는 무지한 사람임을 인정하라"는 뜻이었습니다. 따라서 소크라테스에게 '말'은 인간의 무지를 증명하기 위한 도구였고 근원적 진리의 절대성을 증명하기 위한 수단이었습니다. 오늘날 우리가 생각하듯이 인간의 생각과 감정을 표현하는 수단이 아니었던 것입니다.

한편 플라톤의 제자로 고대 그리스의 대표적인 철학자 중 한 명이었던 아리스토텔레스의 생각은 달랐습니다. 그는 인간의 생각과 느낌과 감정을 중시했어요. 인간이 보고 듣고 느낄 수 있는 것 외에 다른 절대적 원리는 존재하지 않는다고 생각했지요. 따라서 아리스토텔레스에게 말은 절대적 존재가 아닌 인간의 표현 수단이었습니다. 이전의 두 철학자와는 상반되는 생각이었지요.

아리스토텔레스는 『시학』을 통해 비극과 카타르시스의 중요성을 강조합니다. 그러면서 인간이 생각과 감정의 표현을 통해 자기 존재를 드러냄으로써 자아실현을 할 수 있다고 생각했지요. 소크라테스와 플라톤이 '철인' 같은 절대자 혹은 소수 엘리트의 편이었다면 아리스토텔레스는 분명히 보통 사람의 편이었습니다. 그렇기에 '말'을 대하는 태도도 달랐던 것이지요.

여러분은 어떻습니까? '말'은 절대자가 진리를 알리는 수단일까요, 아니면 보통 사람이 자신을 세상에 드러내는 방법일까요?

말과
민주주의

오늘날의 민주주의의 원형은 고대 그리스에서 찾을 수 있습니다. 잘 알려진 대로 아테네의 광장 아크로폴리스는 나라의 주요 정책을 결정하는 토론의 장이었습니다. 동등한 자격을 갖춘 6000여 명의 시민들이 민회(民會)를 통해 정책을 결정하고 국가 경영을 책임질 사람들을 선출했지요. 참여자들은 누구든 발언할 수 있었고 선출직에 도전할 수 있었습니다. 따라서 이들에겐 상대를 설득하는 일이 매우 중요했습니다. 공직에 진출하거나 국가 정책을 자신의 주장대로 바꾸려면 반드시 필요한 일이었지요. 설득의 수단은 물론 '말'이었습니다. 아테네 시민들은 사람들 앞에서 상대의 주장을 반박하고 자신의 생각이 옳다는 것을 알리려고 노력했지요. 당시 아테네인들에게 민주주의는 곧 '설득'이었습니다.

여러분, '설득'이란 무엇일까요? 신이나 절대자에겐 '설득'이라는 개념이 없습니다. 스스로 완벽한데 설득할 필요가 있을까요? '설득'은 인간이 불완전하다는 사실을 전제로 합니다. 만약 인간이 완전하다면 설득하려는 나나 설득당할 누군가의 생각이나 의견이 같겠지요. 절대적인 것, 완전한 것은 유일무이하기 때문입니다. 모두가 완벽한 사회에서는 설득이 존재할 이유가 없습니다.

우리가 상대를 설득하려는 이유는 '서로' 불완전하기 때문입니다. 이 말은 상대를 설득하려는 사람도 자신의 불완전성을 인정해야 한다는 뜻입니다. 만약 '나만이 완전하다'고 생각하는 사람이 있다면 어떻게 될까요? 오로지 상대의 불완전성을 자신의 완전성으로 채우기 위해 끊임없이 노력하겠지요. 자신의 의견을 바꾸거나 조정하려고 하지는 않을 것입니다. 이러한 상황은 '설득'이 아니라 '강제'라고 부를 수 있겠지요. 우리는 역사적으로 이런 사람들을 많이 보아 왔습니다. '독재자'라고 불리는 사람들이 그들이지요.

반대로 '상대만이 완전하다'고 생각할 수도 있을 것입니다. 그러면 어떻게 될까요? 설득해야 할 명분도 약해지고 자신감도 잃게 되어 "계란으로 바위 치기" 같은 기분이 들겠지요. 이처럼 대화 상대의 어느 한 쪽이 '완전한 인간'이 되는 순간 '설득'은 불가능해집니다.

진정한 의미의 설득은 모든 가능성을 열어 놓은 채 진행됩니다. 두 사람이 스스로 불완전한 존재임을 자각하고 있는데 어떻게 고집과 편견과 '정해진 결론'이 있겠습니까?

이것이 아테네의 아크로폴리스 광장이 존재했던 이유입니다. 두 사람의 대화가 세 사람, 다섯 사람으로, 그리하여 모든 시민에게 퍼져 나간 것이 바로 아테네의 민주주의였던 것입니다. 이들이 광장에서 얻은 것이 절대적 최선은 아닐지 몰라도 최소한 6000여 명의 시민이 합의할 수 있는 결론이었을 것입니다. 즉, 진정한 의미의 집단 지성이 구현되었던 것입니다.

이렇듯 고대 그리스의 광장 민주주의는 최초의 두 사람 간의 대화, 그것도 스스로 불완전한 존재임을 고백하고 자각한 두 사람의 '열린 대화'로부터 시작되었습니다. 여기서 '말'은 민주주의의 시작이자 끝이었지요. 그렇기에 말을 할 권리, 즉 발언권은 공직에 출마할 권리와 함께 시민의 가장 중요한 권리였습니다. 이때 발언권은 단순히 말할 순서를 얻었다는 것을 의미하지 않습니다. 여기에는 발언자의 생각과 감정을, 그것이 어떤 것이건 제한받지 않고 말할 수 있는 권리, 즉 발언의 자유권이 포함되어 있었습니다.

모두 다 불완전한 존재들이므로 타인의 발언을 제약할 권능을 가진 사람은 아무도 없었습니다. 시민으로서 생각하고 사상하고 추론하고 느끼는 모든 것을 말할 권리가 있었습니다. 그렇다고 해서 아무 말이나 해도 되었을까요? 물론 그렇지 않습니다. 책임도 따랐지요. 누군가를 해칠 목적으로 하는 거짓말이나 모두가 동의하는 보편적 가치에 명백히 반하는 말을 할 때는 그에 상응하는 책임을 져야 했습니다. 그리하여 그리스 시민들은 어떤 것이 '보편적 가치'인가를 두고 또다시 토론을 벌였고 적절한 기준점을 찾았지요. 따라서 모든 사람을 속여 넘길 수만 있다면 즉, 아무도 그게 거짓말인지 모른다면 거짓말도 가능했지요. 그만큼 고대 그리스의 시민들은 자유롭게 말할 권리가 있었던 것입니다.

● ● ●

말의 자유와 집단지성

지금까지 인간의 말과 이성, 그리고 고대 그리스의 민주주의와 말에 대해 살펴보았습니다. 이제부터는 '말의 자유'에 대해 말씀드릴까 합니다. 아테네에서는 시민에게 거의 무한에 가까운 자유가 있었다고 말씀드렸는데요, 이후에도 서양 철학에서는 이 '자유'의 문제에 대해 많은 주장들이 제기되었습니다. 대표적인 사람이 자유주의 철학을 집대성한 존 스튜어트 밀입니다. 그는 '자유'의 필요성을 세 가지 영역으로 나누어서 설명했습니다.

첫째가 내면적 의식의 영역입니다. 그는 과학, 도덕, 종교 등 모든 주제에 대해 가장 넓은 의미의 양심의 자유, 생각과 감정의 자유, 의견과 주장의 절대적 자유를 누려야 한다고 주장했습니다. 즉 주체적 존재로서의 인간의 존엄성을 인정해야 한다고 보았고 그러기 위해서는 사상의 자유가 가장 중요하다고 생각했던 것입니다. 내가 어떤 생각을 하든 그것은 그 자체로 개인의 자유에 해당한다는 것이지요. 하지만 이러한 '생각의 자유'는 생각을 자유롭게 하는 데에서 그치지 않습니다. 이를 '말'로 표현할 자유도 있어야 하기 때문입니다. 아테네의 시민들처럼 말이지요. 존 스튜어트 밀은 글과 말로 자신의 생각을 드러내는 것이 자유롭게 생각하는 것만큼 중요하다고 생각했습니다. 생각과 표현을 따로 떼어 놓고 볼 수 없기 때문이지요.

둘째는 개인적 취향의 영역입니다. 존 스튜어트 밀은 인간은 누구든 자신의 기호를 즐기고 자기가 희망하는 것을 추구할 자유가 있다고 생각했지요. 일종의 행복 추구권 같은 것입니다. 밀이 보기에 인간이 남에게 해를 끼치지 않는 한, 누구의 간섭도 없이 내가 좋아하는 걸 즐길 자유가 있다고 생각했습니다.

셋째는 사회적 영역에서의 결사의 자유입니다. 타인에게 해가 되지 않는 한 그리고 강제와 속임수에 의해 억지로 끌려온 경우가 아닌 한 모든 성인은 어떤 목적의 모임이든 자유롭게 결정할 수 있어야 한다고 주장했지요.

존 스튜어트 밀은 이 세 가지 영역에서의 자유가 존중되지 않는 사회는 결코 자유로운 사회가 아니라고 생각했습니다. 그가 보기에 인간은 이성을 가진 주체로서 타인의 자유를 빼앗거나 방해하지 않는 범위 내에서 이 세 가지 자유를 누릴 천부적 권리가 있는 것입니다.

인간의 주인은 바로 인간 자신입니다. 개인도 마찬가지지요. 나의 몸과 마음, 영혼을 지키고 발전시켜 나갈 사람은 바로 자기 자신입니다. 그러나 이러한 권리를 누리고 있는 사람은 많지 않습니다.

요즘 우리 사회에서는 안락한 삶을 위해 자유의 권리를 반납하는 경우를 많이 볼 수 있습니다. 돈이나 권력 앞에서 스스로 자유를 내려놓는 일이 있지요. 시류에 편승하는 거지요. 반대로, 자기 의지대로 살면 일이 잘못돼 고통을 당할 수도 있습니다. 그렇다고 해도 자신의 선택이기에 다른 사람 눈치를 보거나 억지로 다른 길로 끌려가는 것보다는 궁극적으로 너 많은 것을 얻게 되지요. 인간은 바로 그런 존재입니다.

존 스튜어트 밀은 "배부른 돼지보다 배고픈 소크라테스가 낫다"고 말했습니다. 자유로운 인간의 가치는 어떠한 물질적 행복보다 우선한다는 뜻이지요. 존 스튜어트 밀은 이처럼 '자유'야말로 인간 존재의 궁극적 가치라고 생각했습니다. 역사를 보면 이를 몸소 보여 준 사람들이 많습니다.

우리나라는 오랜 독재 정권 시대를 거치면서 생각과 표현의 자유를 억압당해 왔습니다. 그러나 이때조차도 많은 사람들이 자신의 몸을 아끼지 않으면서 불의에 항거하고 민주주의를 알리는 데 헌신했지요. 존 스튜어트 밀이 말했던 '배고픈 소크라테스'들이 있었던 겁니다. 자유를 위한 그들의 싸움은 이후 더 많은 사람들이 자유를 누릴 수 있게 했습니다.

말을 예술 행위의 수단으로 삼는 문학에서도 그랬습니다. 과거 독재 정권 시대에 시인들은 스스로를 "잠수함의 토끼"라고 불렀습니다. 이게 무슨 뜻일까요? 옛날에는 잠수함 승무원들이 작전에 나갈 때 토끼를 데리고 다녔다고 합니다. 잠수함은 물속에서 활동하기 때문에 공기를 유지하는 것이 중요했는데 토끼가 공기 부족 같은 이상을 감지하는 데 유용했기 때문입니다. 공기가 줄어들면 인간보다 먼저 토끼가 반응을 보였다고 합니다. 토끼를 일종의 경보장치로 삼았던 것이지요. 시인들도 이와 같은 존재라는 뜻입니다.

독재 정권이 말할 자유를 억누르고 사상의 자유를 탄압했을 때 가장 먼저 그 징후를 파악하고 온몸으로 괴로워했던 사람들이 바로 시인들입니다. 그러므로 시인의 말이란 우리 사회의 건강성을 보여 주는 지표라고 할 수 있습니다.

시인이 아니라도 '잠수함의 토끼'처럼 자유에 민감한 사람들이 있습니다. 그들은 늘 '광장'에 모여 자신의 생각을 말하고 다른 사람과 의견을 나눕니다. 이를 통해 그 사회가 살아 있음을 증명하지요. 독재자들이 권력을 잡았을 때 가장 먼저 '광장'을 폐쇄하는 이유도 이 때문입니다.

소설가 최인훈은 1960년 10월 〈새벽〉 지에 '광장'이라는 소설을 발표했습니다. 소설의 주인공인 이명준은 전쟁 포로였는데 한국 전쟁이 끝났을 때 남과 북 어디도 선택하지 않습니다. 대신 중립국으로 가는 배 위에서 자살로 생을 마감하지요. 당시 많은 사람들이 이 소설에 공감했습니다. 치열했던 이념 대결과 전쟁의 상처, 지식인의 고뇌가 깊이 담긴 작품이었습니다.

주인공 이명준의 선택은 어떤 이념에도 구속되지 않겠다는 '자유 선언'이었습니다. 그런데 이 소설의 제목이 왜 하필 '광장'이었을까요? 광장은 사람과 사람이 벽을 허물고 만나 소통하는 공간이었기 때문입니다. 광장은 자유를 지키는 공간이기도 하지만 더 나은 내일을 만드는 장소이기도 합니다. 바로 '집단지성'이 태어나는 곳이기 때문입니다.

집단지성의 힘을 느끼게 해 준 재미있는 실험이 있었습니다. 실험자 측에서 지나가는 사람을 아무나 붙잡고 한강대교의 길이를 물었습니다. 대부분이 자신 없어 하며 대략적인 대답을 했습니다. 턱없이 짧게 대답한 사람도 있고 심하다 싶을 만큼 길게 대답한 사람도 있었습니다. 당연하지요. 지나만 다녔지 직접 잰 적이 없을 테니까요. 그런데 신기한 일이 벌어집니다. 각각의 답변을 모두 합쳐 평균을 내자 신기하게도 다리의 실제 길이에 매우 가까운 값이 나온 겁니다. 토목 기술자도 아닌 보통 사람들의 눈대중으로 말이지요.

이런 것이 집단지성의 긍정적인 힘입니다. 한 사람 한 사람은 별것 아닌 듯 보여도 이들이 머리를 맞대고 힘을 합쳤을 때는 상상도 못한 결과를 일굴 수 있다는 것이지요. 21세기는 전 지구적으로 연결된 집단지성이 이끌어 가는 사회입니다. 한 사람의 절대자, 혹은 엘리트가 아닌 수천, 수만의 보통 사람들이 만들어 내는 소통과 공감의 지혜가 사회의 동력이라는 뜻입니다. '말'은 집단지성을 만들어 가는 시작이자 끝입니다. '소통과 공감의 말'이 우리의 희망인 이유입니다.

말의 문화와 정치

영국의 역사가 토머스 칼라일은 "웅변은 은이고 침묵은 금이다"(speech is silver, silence is golden)라고 했습니다. 말은 많지만 쓸 말이 적을 때 어울리는 명언이지요. 그러나 앞서 살펴보았듯이 서양의 역사는 침묵보다는 웅변을 중시한 역사였다고 할 수 있습니다. 그리스 아테네 민주주의의 역사가 이를 웅변하지요. 그렇다면 동양은 어떨까요?

2

●●●

침묵은 금인가?

동양은 서양과 달리 웅변보다 침묵을 더 중시하는 경향이 있었습니다. 예로부터 말을 경계하는 시각이 있었지요. 예컨대 노자의 『도덕경』은 이렇게 시작합니다.

도가도비상도 명가명비상명(道可道非常道 名可名非常名)

이 구절은 "도를 도라 부르면 더 이상 그 도가 아니고 이름 붙일 수 있는 이름은 더 이상 그 이름이 아니다"로 풀이됩니다. '도'(道) 그 자체. 자연 그 자체가 중요한 것이므로 그것을 인식하고 설명하는 인간의 말과 글에 현혹되어서는 안 된다는 말이지요. 이런 노자의 주장은 언뜻 말이 필요 없다는 '말·글 무용론'처럼 보입니다. 그렇다면 정말 동양의 현자들이 '말' 자체를 부정했던 걸까요? 그렇지 않습니다. 우리는 이것을 일종의 '경고'로 받아들여야 합니다.

노자는 실체를 보지 못하는 인식론적 오류를 경계한 것이지 말과 글 자체를 부정한 것이 아닙니다. 달을 가리키는데 손가락을 보아서는 안 된다는 것이지요. 결코 손가락 자체를 부정하는 것이 아닙니다.

불교에서도 비슷한 생각을 하였습니다. 예컨대 불교의 대표적인 종파인 선종은 문자에 집착하지 않는 '불립문자'(不立文字)를 강조했습니다. 불교 경전으로는 참 정신을 찾을 수 없다고 본 것입니다. 이는 불교의 또 다른 종파인 경전의 문자를 중시하는 교종과 대립하는 것이었습니다. 선종은 불교의 가르침을 마음에서 마음으로 전하는 '교외별전'(敎外別傳)과 교리가 아닌 참선을 통해서 깨닫는 '직지인심'(直指人心)을 강조했지요.

꼭 선종이 아니더라도 불교 전체적으로 말과 글을 경계하는 이야기가 많이 있습니다. 불교의 경문인 『천수경』은 "정구업진언"이라는 구절로 시작합니다. "입으로 지은 죄를 사하는 진실한 말"이라는 뜻입니다. 천수경에는 십악, 즉 하지 말아야 할 것이 열 가지가 나오는데 그중 말과 관련한 게 망어(妄語 거짓말), 악구(惡口 남을 헐뜯는 말), 양설(兩舌 이간질하는 말), 기어(綺語 교묘하게 꾸며대는 말) 등 네 가지나 됩니다.

또 다른 불교 경전인 『법구경』에는 이런 말도 나옵니다.

"사람은 입안에 도끼를 갖고 태어난다. 이 도끼로 남을 해치고 스스로를 해친다."

모두가 말의 위험성을 경고하는 내용이지요. 그래서 선종에서는 기한을 정해서 수년간 전혀 말을 하지 않는 '묵언 수행'을 하기도 합니다. 침묵함으로써 사물 안에 있는 진실을 보고 깊은 자기 성찰을 통해 '참나'를 찾고자 하는 수행입니다.

2010년 3월 입적하신 법정 스님은 유언장에 "그동안 풀어놓은 말빚을 다음 생으로 가져가지 않으려 하니 부디 내 이름으로 출판한 모든 출판물을 더 이상 출간하지 말아 주십시오"라는 글을 남겼습니다. 『무소유』를 비롯하여 오랫동안 법정 스님의 책을 사랑했던 독자들에게는 뜻밖이었습니다. 하지만 곧 그 이유를 알고 고개를 끄덕이게 되었지요. 담백하면서도 여운이 있는 글로 인기가 높았지만 그런 절제된 말과 글조차 빚이라 여겼던 것입니다.

불교에서 '말'이 가지는 의미는 '염화시중의 미소' 일화에서도 잘 나타납니다. 석가모니가 대중들 앞에서 설법할 때였습니다. 어느 날 설법을 들으러 온 사람 중 한 명이 한 송이 꽃을 바쳤습니다. 석가모니는 그 꽃을 들어 사람들에게 보여 주며 아무 말도 하지 않았습니다. 다들 그 뜻을 몰라 어리둥절해하는데, 석가모니의 10대 제자 중 한 사람인 마하가섭만이 그 참뜻을 깨닫고 미소를 지었다고 합니다. 말하지 않아도 알게 되는 것, 여기서 무슨 말이 필요한가, 하는 무언의 가르침이었던 것이지요.

그러나 석가모니는 깨달음을 얻은 후 열반에 들기까지 한시도 쉬지 않고 설법을 했습니다. 같은 내용일지라도 듣는 사람의 상황과 수준에 맞춰 이렇게도 말하고 저렇게도 말했지요. 불교의 경전은 석가모니의 말을 옮긴 것입니다. '말'을 경계하라는 가르침조차 '말'을 통해서 이루어질 수밖에 없었던 것이지요.

불교의 방대한 경전을 보면 석가모니와 그 제자들이 말과 글에 현혹되는 것을 경계했지만 그 자체를 부정했다고 보기는 어렵습니다. 마음속의 '참나'를 찾기 위해 말을 절제하라고 가르쳤던 것뿐이지요. 석가모니는 더 많은 사람들이 깨달음을 얻을 수 있도록 말을 통한 가르침을 멈추지 않았습니다. "죄괴로 인해 고통 받는 육도 중생들을 모두 해탈하게 한 후 성불하겠다"고 한 지장보살처럼 말입니다. 이처럼 동양의 불교는 '말'의 양면성을 직시하고 이를 지혜롭게 활용하려는 노력을 계속했습니다.

유교에서도 '말'을 대하는 신중함이 잘 나타납니다. 불교와 마찬가지로 유교의 가르침 역시 공자와 그 제자들이 나누는 대화를 통해 알아볼 수 있습니다.

어느 날 자로가 공자에게 묻습니다.

"정치를 한다면 무엇을 먼저 하시겠습니까?"

공자가 대답합니다.

"반드시 '명'을 바로 잡겠다"(必也正名乎)

제나라 경공이 정치에 대해 물었을 때도 공자는 이렇게 말했습니다.

"임금은 임금답고 신하는 신하다우며 어버이는 어버이답고 자식은 자식다워야 한다"(君君臣臣父父子子)

앞엣것은 '이름' 즉 '명분'을 먼저 살리겠다는 뜻이고 뒤엣것은 사회 구성원 각자가 자신의 직분을 잘 지켜 자신의 '명'에 해당하는 덕을 실현하면 올바른 질서가 이루어진다는 뜻입니다. 바로 공자의 '정명론'(正名論)이지요. 유교에서는 어떤 사물이나 현상에 이름을 붙이는 것, 규정하는 것은 곧 직분을 규정하는 것이므로 결코 함부로 할 수 있는 것이 아니라고 봅니다. 그만큼 말과 글이 진중하고 정확해야 함은 두말할 필요가 없습니다. 예로부터 내려오는 "남아일언 중천금"(男兒一言中千金)이라는 격언도 말의 무거움을 강조하는 유교적 문화와 무관하지 않을 것입니다. 이처럼 '명(名)-이름'의 중요성을 깨닫고 실천한 것은 서양에서도 마찬가지였습니다.

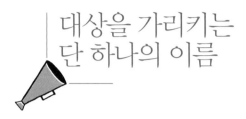

대상을 가리키는
단 하나의 이름

사실주의 작가로 유명한 프랑스의 귀스타브 플로베르는 루이즈 콜레에게 보내는 편지에서 다음과 같이 말합니다.

아름다운 형식이 없는 아름다운 생각은 없습니다. 그 반대의 경우도 마찬가지입니다. 예술의 세계에서 아름다움은 형태로부터 스며 나옵니다. 우리의 세계에선 그것에서 사랑과 유혹이 나오는 것처럼 이것은 당신이 한 물체에서 그것을 형성하는 것, 즉 색깔, 면적, 견고성 등을 제거할 수 없는 것과 마찬가지입니다. 텅 빈 추상으로 떨어짐이 없이 한 단어로 그 문장을 훼손시킴 없이 생각에서 형태를 제거할 수 없습니다. 왜냐하면 생각은 형태에 의해서면 존재하기 때문입니다. 형태가 없는 생각을 상상해 보십시오. 그것은 불가능합니다. 생각을 표현하지 않는 형태도 불가능하기는 마찬가지입니다.

정확하게 하나의 대상을 드러낼 수 있는 말은 오로지 하나라는 뜻입니다. 그만큼 말을 갈고 닦아야 한다는 뜻이겠지요. 끊임없이 대상을 관찰하고 이를 정확한 언어로 구사하려고 했던 플로베르의 생각은 그의 제자였던 모파상과의 일화에서도 잘 나타납니다. 어느 날 플로베르는 자신을 찾아온 모파상에게 묻습니다.

"자네 방금 어느 층계로 올라왔는가?"

"나무 층계로 올라왔습니다."

"그래? 층계가 몇 개였지?"

"잘 모르겠는데요."

"그래? 그렇다면 자네는 소설가가 될 수 없을 걸세."

모파상은 다시 나갔다 올라오면서 나무 계단을 세어 보고 선생에게 와서 서른여섯 개라고 말합니다. 그러나 플로베르의 질문은 거기서 끝나지 않습니다.

"그 계단을 올라올 때 일곱 번째 계단에서 무엇을 발견했나?" 모파상은 대답할 수 없었지요. 다시 돌아가 일곱 번째 계단을 살펴보니 못이 빠져 있습니다. 플로베르에게 그 이야기를 하자 질문은 또 이어집니다.

"그 일곱 번째 계단에서는 어떤 소리가 나던가?"

결국 모파상은 그 소리를 듣기 위해 일곱 번째 계단을 수십 번 밟아 보았다고 합니다.

플로베르는 제자들에게 늘 다음과 같이 강조했습니다.

"세상에는 똑같은 파리도 없고 똑같은 나뭇잎도 없고 똑같은 모래알도 없습니다. 글을 쓸 때는 그 현상에 딱 맞는 말을 골라야 합니다."

시인 김춘수는 '이름'에 대해 이렇게 노래합니다.

내가 그의 이름을 불러 주기 전에는
그는 다만
하나의 몸짓에 지나지 않았다.
내가 그의 이름을 불러 주었을 때
그는 나에게로 와서
꽃이 되었다.

내가 그의 이름을 불러 준 것처럼
나의 이 빛깔과 향기에 알맞는
누가 나의 이름을 불러다오.
그에게로 가서 나도
그의 꽃이 되고 싶다.

우리들은 모두
무엇이 되고 싶다.
너는 나에게 나는 너에게

잊혀지지 않는 하나의 눈짓이 되고 싶다.

-김춘수 「꽃」

　'이름'은 이처럼 우리 인간의 인식을 반영할 뿐 아니라, 사물과 대상 그 자체를 규정합니다. '이름' 혹은 '이름 붙이기'는 오늘날 광고 마케팅 분야에서 많이 활용되고 있습니다. 경쟁이 치열하다 보니 제품의 이름이 판매에 큰 영향을 끼치기 때문이지요. 읽기 쉽고 듣기 쉽고, 말하기 쉽고, 외우기 쉬운 이름을 만들어 내는 치열한 과정을 보면 하나의 말과 하나의 문장이 얼마나 중요한지를 다시 한 번 확인할 수 있습니다. 동서고금을 막론하고 말은 이렇게 어렵고도 무거운 것입니다.

세 치 혀에
목숨을 걸다

동양에는 예로부터 '세객'(說客)이라는 것이 있었습니다. 군왕들을
찾아다니면서 자신의 정치적 신념을 알리는 일을 했지요. 때로는 주
군을 위해 적국에 들어가 적장을 설득하기도 했습니다. 말 그대로
자신의 혀에 목숨을 걸고 천하를 떠돌던 이들이었습니다. 춘추전국
시대를 주름잡던 제자백가(諸子百家, 당대의 여러 학파)들도 어떻게 보
면 다 세객들이었습니다.

공자도 제자들과 함께 여러 나라를 돌아다니며 자신의 학문과 사
상을 알리고자 했지요. 그러나 공자는 자신의 생각을 이해해 주는
군주를 찾지 못했고 결국 고향으로 돌아옵니다. 그후 공자는 제자를
기르는 데 힘을 쏟았습니다. 제자들을 통해 자신이 이루지 못한 큰
뜻을 이루고 싶었던 것이지요. 그런 의미에서 보자면 공자는 '실패

한 세객'이었다고 할 수도 있습니다. 그런데 이 '세객'이라는 말 속에는 비정한 승부의 세계가 숨어 있습니다. '말'을 둘러싼 암투와 음모가 담겨 있기 때문입니다.

『삼국지』라는 소설은 중국에서 한나라가 몰락하고 위, 촉, 오 세 나라가 경쟁하던 시대를 배경으로 하고 있지요. 조조의 백만대군에 맞서 촉과 오가 연합 작전을 하고 있을 때의 일입니다. 연합군 대장 주유는 조조의 장수 중 해상전에 능숙한 채모와 장윤을 제거하기 위해 고심하고 있었습니다. 그런데 주유를 만만하게 본 조조는 수하인 장간이 주유의 친구임을 알고 그를 보내 항복을 권합니다. 장간은 '세객'으로서의 임무를 띠고 친구를 설득해야 했지요. 그러나 이를 눈치챈 주유가 오히려 그를 역이용합니다. 조조의 장수인 채모와 장윤이 오나라에 항복한다는 내용의 거짓 편지를 장간에게 흘린 것입니다. 조조는 크게 노하여 채모와 장윤을 처형합니다. 주유는 눈엣가시였던 두 장수를 손쉽게 제거할 수 있었고 그 사실을 뒤늦게 깨달은 조조는 후회합니다. 그러나 이미 적벽대전에서 참패한 후였지요. 세객으로서 제 임무를 수행하기는커녕 오히려 적에게 놀아난 장간은 이 일로 처형당합니다.

중국 역사에 등장하는 세객을 한 명 더 살펴보겠습니다.

춘추전국 시대를 대표하는 세객으로 소진이라는 사람이 있었습니다. 당시 그는 절대 강국이었던 진나라에 대항하기 위해서는 조, 한, 위, 제, 초, 연, 여섯 나라가 힘을 합쳐야 한다는 '합종책'을 설파했습니다. 그의 이러한 주장은 받아들여졌고 소진은 진나라에 대항하는

6국 연합의 총사(總師)가 됩니다.

　여기에 맞선 진나라의 인물이 장의입니다. 장의는 소진과 동문수학한 친구였지요. 그는 옛 친구의 '합종'에 맞서 '연횡'을 구상합니다. 당시 진나라에 맞서던 여섯 나라와 하나씩 차례로 농맹을 맺는 정책이었습니다. 우리가 신문이나 방송에서 자주 듣는 '합종연횡'이라는 말이 여기서 나왔지요. 두 사람의 세객은 각각의 정책으로 치열하게 경쟁합니다. 그런데 장의가 6국의 합종을 깨기 위해 동분서주하던 중 소진이 정적에 의해 암살당합니다. 결국 소진이 없는 합종책은 장의의 연횡책을 당해 낼 수 없었지요. 진은 6국과 각각 동맹 관계를 맺고 차례차례 복속시켜 나가 결국 중국을 통일합니다. 이렇듯 중국의 역사를 보면 수많은 세객들이 나라의 흥망성쇠를 좌우한 것을 알 수 있습니다. 군주의 운명도 수많은 세객들의 주장과 조언 중 어느 것을 택하느냐에 따라 흥망이 갈렸던 것이지요. 목숨을 담보로 세 치 혀에 모든 것을 걸고 진검승부를 펼쳤던 '세객'들이야말로 정치와 '말'의 역사를 극적으로 보여줍니다.

　역사를 보면 '말'로써 정쟁을 벌이고 이것이 왕조의 흥망에 큰 영향을 미쳤다는 것을 알 수 있습니다. 그렇다면 우리나라는 어땠을까요?

　　말하기 좋다 하고 남의 말을 말을 것이
　　남의 말 내 하면 남도 내 말 하는 것이
　　말로써 말이 많으니 말 말을까 하노라

작자 미상의 옛시조입니다. 불필요한 말, 해선 안 될 말을 하는 바람에 어려운 처지에 빠질 수 있으니 조심하고 또 조심하라는 내용이지요. 그 내용이 어렵지 않아 많은 이들이 인용하고 있습니다. "말 한마디가 천 냥 빚을 갚는다"는 속담도 비슷한 뜻입니다. 상황에 맞는 말 한마디의 힘이 얼마나 큰지를 재미있는 비유로 말해 줍니다. 우리나라에는 말의 양면성을 강조하는 이야기들이 많습니다. 왜 선조들은 이처럼 말에 관심이 많았을까요? 그만큼 말의 중요성을 이해하고 있었다는 뜻이 아닐까요?

우리나라는 예로부터 토론 문화가 발전했습니다. 신라 시대의 화백 제도가 대표적이지요. 진골 귀족 출신으로 구성된 화백은 합의체 회의 기구였습니다. 만장일치제로 진행된 화백제는 회의 참가자 모두에게 자신의 견해를 말하고 상대의 주장을 거부할 권리가 있었습니다. 고구려는 수상인 대대로를 귀족들이 의논하여 선출하였고 백제도 수상인 상좌평을 투표로 뽑았다는 기록이 있습니다. 이렇듯 삼국 모두 토론으로 국가의 중요한 정책을 결정하는 합좌제(合坐制)를 운영했는데 신라의 화백제가 그중 가장 발전한 형태였습니다.

화백은 왕위 계승, 폐위, 선전포고, 불교 수용과 같은 국가적으로 중요한 사안을 만장일치로 결정했습니다. 이는 왕권이 강화되기 전 귀족 연합 사회의 정치적 특징을 보여 주기도 하지만 신라가 토론을 존중하는 민주적 사회였음을 보여 주는 것이기도 합니다.

조선 시대는 경연(經筵)이 활성화된 시대였습니다. 경연은 왕과 신하들이 조선의 지배 사상인 성리학을 익히고 대화와 소통으로 국정 운영의 방향을 잡아 나가는 일종의 토론 기구였습니다. 특히 세종은 집현전을 통해, 정조는 규장각과 초계문신제(신하들이 규장각의 교육 및 연구 과정을 거치게 한 제도)를 통해 젊고 유능한 차세대 지도자를 육성하고 이들의 지혜를 국정 운영에 반영하였습니다.

여러분은 세종이 다스리던 시대에 나라가 발전하고 백성들이 살기 좋았다는 사실을 잘 알고 있을 것입니다. 그래서 '대왕'의 칭호가 붙었으니까요. 이는 세종이라는 훌륭한 왕의 노력에 힘입은 바 큽니다. 특히 탕평 인사와 공론 정치가 세종시대의 국운융성에 크게 기여했지요.

탕평 인사란 공평하게 사람을 쓰는 것을 말합니다. 실제로 세종은 출신과 지역, 당파에 상관없이 두루 인재를 발탁했던 왕으로 유명합니다. 지금껏 청렴한 선비로 그 이름이 널리 알려진 황희의 발탁 과정을 보면 잘 알 수 있습니다. 황희는 두문동 선비 출신으로 관직에 오른 후로도 직언을 잘하기로 유명했습니다. 태종이 양녕대군을 폐하고 충녕대군으로 세자를 삼으려 하자 이것이 장자 계승의 원칙에 반한다 하여 끝까지 반대해 귀양을 갈 정도였습니다. 그런 황희를 다시 등용해 18년간이나 영의정에 앉힌 사람이 바로 세종이었습니다. 훗날 황희가 조선 시대 4대 명재상 중 한 사람으로 추앙받게 되고 219명의 청백리 중 으뜸의 자리를 차지하게 된 배경에는 이와 같은 세종의 탕평 인사가 있었습니다. 세종의 재임 기간은 수많은 인재들이 역사에 등장한 시기로 기록되고 있습니다. 우리가 교과서를 통해 잘 알고 있는 장영실 역시 세종이 아니었으면 관직에 들 수 없는 사람이었습니다. 노비 출신이었기 때문입니다. 그의 뛰어난 능력을 알아본 세종의 결단이 아니었다면 오늘날 우리가 알고 있는 그의 빛나는 업적은 없었을 것입니다. 여진족을 정벌하고 북쪽 경계에 4군을 개척한 무신 최윤덕도 세종이 발탁한 인물입니다. 그는 무장 출신으로서는 최초로 우의정과 좌의정 자리에 오릅니다. 능력만 있다면 출신은 중요하지 않다고 본 것이지요. 당시로써는 매우 파격적인 생각이었습니다.

세종 시대의 정치·사회 발전에 기여한 또 하나의 요소는 바로 '공론 정치'입니다. 조선 시대는 강력한 왕권 국가였습니다. 즉, 왕의 한마디면 모든 게 결정되는 사회였지요. 그럼에도 세종은 왕의 독단을 경계하고 공론을 중시했습니다. 예컨대 이해관계가 첨예하게 대립할 수밖에 없는 조세제도 개혁은 무려 17년간의 토론과 여론조사를 진행한 후에야 실시했습니다. 왕의 권력으로 밀어붙였다가 신하들의 강력한 반대에 부딪히는 과거의 악순환을 반복하는 대신 왕이 앞장서서 반대파를 설득하면서 인내심을 갖고 기다렸던 것이지요. 세종의 가장 큰 업적으로 알려진 훈민정음 반포 역시 마찬가지입니다. 집현전 학자들과 한글을 만든 후에도 유학자인 최만리 같은 반대파들과 토론하고 설득하는 데 수많은 시간과 노력을 들였지요. 그런 의미에서 세종 시대야말로 말과 글이 국가 경영에 핵심적인 역할을 한 '공론 정치의 시대'였다고 할 수 있습니다.

토론과
광장 민주주의

조선 시대에는 학문 분야에서도 활발한 논쟁이 있었습니다. 조선은 성리학이 지배하는 사회였습니다. 그래서 성리학의 원리를 둘러싼 논쟁이 그치지 않았지요. 대표적으로 사단칠정 논쟁과 예송 논쟁이 있습니다.

'사단'(四端)이란 인간의 이성적 본성을 말합니다. 측은지심(仁), 수오지심(義), 겸양지심(禮), 시비지심(智), 이렇게 네 가지가 있지요. '칠정'(七情)은 인간의 감성적 본성으로 희(喜), 노(怒), 애(哀), 락(樂), 애(愛), 오(惡), 욕(慾)을 가리킵니다. 그런데 이에 대한 해석을 두고 58세의 원숙한 대학자 퇴계 이황과 32세의 열혈 청년 학자 고봉 기대승이 세기의 논쟁을 펼칩니다.

퇴계가 고봉에게 첫 번째 편지를 보낸 1559년 1월 5일부터 퇴계가 고봉에게 편지를 보내 논쟁을 중단한 1566년 11월 6일까지 7년 동안 고봉은 네 번, 퇴계는 여섯 번의 편지를 보냅니다. 이 과정을 유학자 장현광은 이렇게 묘사했습니다.

> 퇴계는 항상 몸을 거두어 감추고 겸손하며 깨끗하게 높은 절개를 지키는 도(道)로 스스로 지켰고, 고봉은 매양 발양(發揚)되고 직설적이며 준절(峻節)한 의리(義理)로 스스로 힘썼으니, 두 분의 기상이 합하지 않을 듯한데도 오직 독실히 믿어 의심하지 않고 서로 좋아하여 싫어함이 없는 뜻은 갈수록 더 친밀하고 정성스러웠다. (…) 그러므로 비단 고봉이 퇴계 선생에게 질정을 받았을 뿐만 아니라, 퇴계께서도 고봉에게 의뢰하여 유익함을 받은 것이 많았으니, 그 탁마하여 성취한 것이 깊다 하겠다.
>
> -『고봉집(高峯集)』

두 사람이 나이와 출신을 개의치 않고 생산적인 논쟁을 벌였다는 이야기입니다. 역사적으로도 두 사람의 논쟁은 유례없이 치열했으나 품격을 잃지 않은 것이었습니다. 조선의 성리학은 이러한 학문적 토론과 정치 노선 논쟁을 거치면서 더욱 깊어지고 넓어졌습니다.

다음으로 유명한 것이 바로 예송 논쟁입니다. 사단칠정 논쟁 후 100년쯤 지나서 전개된 논쟁이지요. 발단은 효종의 죽음이었습니다. 1659년 효종이 승하하자 자의대비가 상복을 몇 년 동안 입어야 하는지를 두고 신하들 간에 의견이 갈립니다. 당시 장남일 경우에만

3년을 입었기 때문입니다. 다시 말해 이 논쟁은 왕실의 상례와 적통을 둘러싼 정통성 논쟁이었습니다. 송시열은 '주자 정통주의'(종법에는 왕도 예외가 아니다)를 주장했고 윤휴 등은 '주자 비판론'(왕은 종법에서 예외다)로 맞섰습니다. 그러나 이 논쟁은 앞의 사단칠정 논쟁처럼 아름답게 끝나지 않습니다. 왜냐하면 어떤 쪽의 주장이 관철되느냐에 따라 두 정파의 정치적 운명이 달라지기 때문이었습니다. 논쟁은 결국 송시열이 사약을 받고 죽는 등 양측의 피비린내 나는 정쟁으로 확대됩니다. '말'로 전개된 치열한 권력 투쟁의 전형이지요. 그럼에도 토론 문화의 명맥은 끊이지 않습니다.

조선 후기로 접어들면서 백성들의 삶이 매우 어려워집니다. 탐관오리들의 학정이 심해지면서 도처에서 민란이 발생하지요. 민란의 주도자들은 너나없이 사발통문(沙鉢通文)을 돌려 봉기의 정당성을 주장했습니다. 백성들의 지지가 필요했기 때문입니다. 민란은 대체로 장날을 이용해 일어났고 주도자의 연설과 선언으로 시작되었습니다. 당시의 장터는 일종의 광장이었고 직접 민주정치의 장이었던 셈이지요. 이러한 전통은 개화기의 만민공동회로 이어지고 해방 정국에서는 봇물처럼 터져 나온 각종 시국 연설회와 대규모 선거 유세로 이어집니다. 이 같은 광장 민주정치의 전통은 독재 정권을 무너뜨린 1987년 6월 민주항쟁에서도 그 모습을 찾아볼 수 있습니다.

우리나라는 세계사에서 유례를 찾을 수 없을 만큼 일찍부터 토론과 합의 문화를 키워 왔으며 이를 통해 광장 민주주의를 구현했습니다. 앞서 살펴보았듯이 역사적으로도 우리나라는 국가의 주요 정책은 물론, 국가 운영의 기본 원리에 대해서 끊임없이 토론하고 소통했습니다. 따라서 말을 잘하는 것, 다시 말해 상대의 말을 정확하게 이해하고 이견을 조정해 타협을 이끌어 내는 능력을 높이 평가했지요.

오래전부터 이어온 토론의 역사, 민란에서 6월 민주항쟁으로 이어지는 광장의 역사, 소통의 역사는 우리 민족의 역동성과 더불어 '말'의 힘을 보여 줍니다. 우리가 올바른 말하기를 익혀야 하는 이유도 여기에 있습니다. 우리는 모두 광장의 주인이자 당당한 역사의 주체이기 때문입니다.

말하기 토론

말을 잘할 수 없을까?

말은 그 사람의 얼굴이고 글은 그 사람의 인격입니다. 거친 말은 그 사람의
거친 성정을 보여 주고 천박한 말은 그 사람의 천박한 인성을 표현합니다.
충분히 준비되고 숙성되지 않은 말은 공허하게 들리고 진심을 다하지 않은
말은 울림이 없습니다.

맨 처음 말이 생겨났을 때 말은 인간으로 하여금 생명체로서의 본능에 충실
하도록 하는 수단이었습니다. 최초의 말은 외마디 비명과 같은 '소리침'이나
'으르렁거림' 같은 형태였지요. 지금 우리가 주위에서 보는 동물들의 그것과
크게 다르지 않았습니다.

3

말의 특성
이해하기

인간이 원시 상태를 벗어나게 되면서 말도 큰 발전을 이루었을 것입니다. 이성이 발달하고 도구를 사용하면서 말 역시 동물적 본능의 표현을 넘어서 상호 협력하고 사회를 유지하는 효과적인 매개물의 역할을 했을 것입니다. 이때의 '말'이야말로 지금 우리가 '언어'라고 부를 만한 것이었겠지요. 사람과 사람 사이의 소통은 이전의 손짓 발짓을 훨씬 넘어서 매우 정교하게 발전했을 것입니다. 그러나 이러한 '말'도 한계가 있습니다. 바로 '말의 순간성'입니다. 말은 음성 언어이기 때문에 듣는 순간 사라지고 맙니다. 지금이야 녹음기에 담을 수 있지만, 그전에는 불가능했지요. 말은 바로 그 순간, 바로 그 사람에게만 전달 가능했습니다. 지금 우리는 선사 시대 사람들이 어떤 대화를 나누었는지 알 수 없습니다. 말은 화석이나 유물과 달리 그 어떤 흔적도 남기지 않기 때문이에요. 그래서 정확히 언제 어디서 최초의 말이 탄생했는지 알 길이 없습니다. 다만 언어학자들이 연구를 거듭한 결과 대략적인 사실은 알 수 있었지요.

언제부터 인간은 '언어'를 갖게 되었을까요? 언어학자들은 우선 '말'이 오늘날 인간의 고유한 특성인 '언어'가 되기 위한 기준을 세웠습니다. 동물의 그것과 달리 인간의 언어는 문법이 있어야 하고 새로운 낱말을 만들어 낼 수 있어야 합니다. 다른 언어로 번역될 수 있어야 하고 말하는 사람의 머릿속에 든 개념을 표현할 수 있어야 합니다. 언어학자들은 이러한 요건을 충족시키는 '최초의 언어'가 대략 10만 년에서 5만 년 전쯤 나타났을 것으로 추정합니다. 당시의 말 자체를 들을 수가 없으므로 간접적인 증거들을 빌려 왔지요. 바로 인간의 구강 구조 발달을 살펴본 것입니다. 지금과 같이 분절음화된 언어를 사용하려면 말을 만드는 발성기관이 진화해야 합니다. 해부학적으로 볼 때 30만 년 전쯤에 목의 후강이 내려앉는 '후강 저화'가 일어났다고 합니다. 이때 비로소 자음의 발성이 가능했다고 추정할 수 있습니다. 또한 복잡한 개념을 언어화할 수 있으려면 사고 능력이 발달해야 합니다. 그래서 두뇌의 진화를 보았을 때 10만 년에서 5만 년 사이에 초기 형태의 언어(원시 언어)가 발생했으리라 보는 것입니다.

초기에는 개념보다는 사물을 지시하고 감정을 표현하는 말이 많았으리라는 것은 어렵지 않게 짐작할 수 있습니다. 그러다가 점점 개념과 추상적 표현이 가능한 '고등 언어'로 발전했을 테지요. 사회가 발전할수록 인간은 '말'을 더 많은 사람에게 전하고 싶었을 겁니다. 말의 한계인 순간성을 극복하고자 치열하게 고민한 끝에 마침내 '글자'를 발명하지요. 이제 인간은 지구 생물체 중 유일하게 말과 글을 갖게 됩니다.

만약 추상을 사고할 수 있는 두뇌의 힘과 이를 묘사하고 설명할 수 있는 말과 글이 없었다면 인간은 여전히 원시 시대를 벗어나지 못했을 것입니다. 인간 문명을 상징하는 종교와 예술, 자유, 정의 같은 가치와 감성을 갖지 못했을 것입니다. 추상적 사고와 섬세한 감성의 표현이야말로 인간을 고등 생물로 만들고 인간을 동물의 본능에서 벗어나 세계를 해석하고 세상을 창조하는 주인으로 서게끔 한 주인공입니다.

이처럼 말은 인류 진화의 빛나는 성과이며 인간의 존엄을 상징합니다. 그런 의미에서 '말'을 제대로 사용하지 못하는 것은 인류가 유구한 역사를 통해 발전시키고 진화시킴으로써 획득한 성취와 품위를 스스로 포기하는 것입니다. 말을 그저 남을 헐뜯고 세상을 왜곡하고 우리 삶을 망가뜨리는 수단으로 삼는 사람이 그렇습니다.

인류의 진보는 인간의 자유로운 생각과 상상과 열정에 의해 이루어져 왔습니다. 그러나 생각도 상상과 열정도 말로 표현됨으로써 비로소 의미 있는 것이 되고 인류의 보편적 가치이자 자산으로 공유될 수 있습니다. 그러므로 말은 곧 인류 진보의 가장 유력한, 아니 유일한 힘이라고까지 할 수 있습니다.

말은 인류를 진보시켰고 인류의 진보가 말을 한층 더 풍부하고 격조 있는 것으로 만들어 왔습니다. 그러므로 말은 인류의 얼굴이고 인류가 도달한 품격입니다. 한 개인이 쓰는 말이나 인류가 사용하는 말은 본질적으로 같은 문화적, 역사적 의미를 갖는 것입니다.

그렇다면 어떻게 하는 것이 '말'을 잘 사용하는 것일까요? 지금부터 일상생활에서의 말 사용법에 대해 생각해 보겠습니다.

상대를 설득하는 대화법

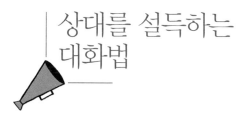

상대의 말을 잘 들어야 한다

말을 잘하려면 소통이 무엇인지를 이해해야 합니다. 말은 생각과 감성이 서로 다른 사람들 사이에서 이루어집니다. 생각과 감성이 100퍼센트 같다면 굳이 말할 필요가 없을 것입니다. '영원한 이심전심'이 가능하다면 말 없이도 상대의 마음을 이해할 수 있으므로 오해도 없을 것입니다. 그런데 달리 생각해 보면 그만큼 조용하고 따분한 세상이 되겠지요. '말하기' 즉 '의사소통'의 기쁨도 없을 테니까요.

　말은 다름을 전제로 합니다. 다른 생각, 다른 감성을 가진 사람에게 내 생각, 내 느낌, 내 정서를 전달하는 것이 그 목적입니다. 다시말해, 말은 상대의 생각을 내 쪽으로 끌어당기고 상대의 느낌과 감성을 나의 것과 일치시키는 것을 목표로 합니다. 그러므로 말을 잘한다는 것은 설득을 잘한다는 뜻이고, 감성적 공감과 이입을 잘 끌어낸다는 뜻입니다.

따라서 말을 잘하려면 무엇보다 먼저 상대에 대한 이해가 필요합니다. 상대의 생각과 감성과 정서를 정확하게 알아야 하는 것이지요. 상대를 설득하려면 상대와 나의 차이를 알아야 합니다. 나와 어떻게 얼마나 다른지, 예컨대 그저 조금 다른 건지 확고하게 나른 선지, 그저 냉담한 건지 감정적으로 격앙된 상태인지를 알아야 합니다.

"지피지기면 백전백승"(知彼知己 百戰百勝)이라는 말이 있습니다. 상대를 알고 나를 알면 백번 싸워 백번 이길 수 있다는 뜻입니다. 말을 잘하는 것은 잘 듣는 것입니다. 잘 듣는 것은 상대를 알아 가는 과정입니다. 상대의 이야기를 듣고 상대를 정확하게 파악하면 누구든 설득할 수 있습니다.

보통 우리는 누군가를 설득해야 한다고 생각하는 순간 내 말부터 하게 됩니다. 상대가 준비가 되어 있는지와 상관없이 말입니다. 이는 싸울 상대를 전혀 모르고 덤비는 것과 같습니다. 지형지물을 전혀 파악하지 않고 군대를 진격시키는 것과 같습니다. 어디에 함정이 있는지 적이 어디에 매복해 있는지도 모르고 무조건 돌격을 감행하는 군대치고 싸워 이긴 군대는 없습니다. 돌격하기 전에 먼저 적의 상태를 정확하게 파악해야 합니다.

내가 누군가를 설득하려 하면 대체로 상대도 나를 설득하려 할 가능성이 높습니다. 누구나 자기만의 생각과 판단이 있습니다. 토론은 이를 이해하고 공유하는 과정이지요. 내가 누군가를 설득하겠다고 마음먹은 것처럼 상대도 그러할 수 있습니다. 어쩌면 상대도 나처럼 얼굴을 보자마자 말을 꺼내려 할 것입니다. 이는 좋은 기회입니다. 상대의 말을 충분히 들을 기회가 되니까요. 가만히 앉아서 상대의 말에 귀를 기울여 보십시오. 상대가 어떤 사람인지 무슨 말을 하고자 하는지, 나의 제안을 어떻게 받아들일지 자연스레 알 수 있을 것입니다.

우리가 설득을 할 때 정말 어려운 상대는 자기 말만 열심히 하는 사람이 아닙니다. 오히려 나의 이야기를 주의 깊게 경청하는 사람입니다. 그 순간 이미 그는 나와 내 생각을 읽고 있는 것입니다. 내가 말을 하면 할수록 상대가 설득당하는 게 아니라 반대로 나의 허점만 드러내는 꼴이 됩니다. 다음 순간 나의 상태를 파악한 그는 손쉽게 내 논리의 허점을 파고들 것입니다. 말하기 전에 먼저 들어야 합니다. 누구나 알고 있지만 잘 안 되는 일입니다.

여러분은 살아가면서 누군가를 설득하고 싶었던 적이 있었을 것입니다. 말싸움에서 이기고 싶고 상대로 하여금 나의 논리에 동의하게 만들고 싶은 순간이 있지요. 그럴 때마다 '나는 왜 이렇게 말을 못하지?' '상대는 차분하게 자기 논리를 펼치는데 나는 흥분만 하다가 끝났네.' '말은 많이 했는데 왜 진 느낌이지?' 이런 생각이 든 적이 있을 것입니다.

말로 상대를 이기고 싶다면 지금 당장 말을 멈추고 귀를 열어야 합니다. 다시 한 번 강조합니다. 승리는 잘 듣는 데서 시작합니다. 대부분은 말을 많이 하는 게 이기는 거라고 착각합니다. 정말로 말을 잘하는 사람들은 가만히 듣습니다. 가끔 고개를 끄덕이며 맞장구도 치지요. 그러고 나서 자신의 생각을 논리정연하게 펼칩니다. 이렇게 되면 저도 모르게 그에게 승복하게 되지요. 가끔은 내가 그의 논리에 설득당했다는 사실조차 깨닫지 못하게 될 때가 있습니다. 내 앞에서 말을 아끼는 사람, 이들은 성격이 수줍어서일 수도 있고 사려 깊어서일 수도 있고 승부욕에 불타서일 수도 있습니다. 우리가 말을 통해 상대를 설득하려면 이러한 사실을 잘 알고 있어야 합니다. 어느 쪽이건 상대가 먼저 말을 꺼내도록 만드는 쪽이 유리합니다.

상대의 마음을 편안하게 해야 한다

상대의 이야기를 잘 들어주려면 그 사람이 편안하게 말을 하게끔 분위기를 만들어야 합니다. 긴장된 상황에서의 섣부른 대화 시도는 상대의 마음을 닫게 만들 수 있습니다. 말을 꺼내게 하기는커녕 아예 대화를 시작하지 못하게 되는 것입니다. 이는 모든 대화에 해당하는 일입니다. 굳이 상대를 설득해야 하는 자리가 아니라도, 즉 상대와 교감하거나 친밀감을 확인하려는 자리에서도 꼭 필요한 태도입니다.

상대의 마음을 편안하게 하려면 어떻게 해야 할까요? 두 가지를 꼽을 수 있습니다.

첫째는 내가 어떤 의도나 결론을 갖고 있지 않다는 것을 보여 주는 것입니다. 그래야 상대가 편안하게 대화를 시작할 수 있겠죠. 상대가 나를 조정하려 하거나 억지로 끼워 맞추려 한다면 누구도 말하고 싶어하지 않을 것입니다. 상대로 하여금 내가 어떤 말이든 진심으로 받아들일 준비가 되어 있다는 것을 보여 주어야 합니다. 그러면 상대는 경계심을 버릴 것입니다. 대화 상대에 대한 신뢰가 생기겠지요. 이런 상태에서는 험한 눈빛이 나올 수 없고 거친 말이 나올 수 없습니다.

둘째는 질문을 잘하는 것입니다. 좋은 설명보다 중요한 것은 좋은 질문입니다. 문제의 핵심을 파악하지 못하면 좋은 질문을 할 수 없습니다. 세상일이란 다양한 사람들과의 다양한 관계 속에서 이루어지기 마련입니다. 단선적, 평면적으로 이해할 수 있는 일은 거의 없다고 해도 과언이 아니지요. 그러므로 문제의 핵심을 파악하려면 통찰력과 직관이 있어야 합니다. 대화는 상대와 마음을 나누는 것이기에 인간에 대한 깊은 이해가 필요합니다.

인간은 매우 다면적이고 복잡한 존재입니다. 따라서 대화를 잘하려면 상대의 욕망과 열정, 의지와 이성적 선택까지 감안해야 합니다. 인간의 다양한 측면과 끝없이 변화하는 마음을 이해할 수 있을 때 비로소 문제의 핵심에 접근할 수 있습니다. 상대의 이야기를 듣고 질문을 하십시오. 그 사람이 어떤 말을 하고 싶어하는지, 왜 주저하는지, 왜 흥분하는지 알게 될 것입니다. 핵심을 꿰뚫는 질문은 상대의 마음을 흔들고 굳게 닫힌 입을 열게 할 것입니다.

진정성이 있어야 한다

마음 깊은 곳에서 우러나오는 말이 사람을 감동시킵니다. 경험과 깊은 사색이 어우러져 나오는 한마디 말이 사람을 움직입니다. 마음 깊은 곳에서 말이 우러나오게 하려면 집중해야 합니다. 어떤 문제에 대해 이야기할 때 그 문제의 경중을 떠나 진지하게 접근해야 합니다. 집중하지 않으면 상대를 감동시킬 수 없고 상대를 움직일 수 없습니다. 백수의 왕 호랑이는 토끼 한 마리를 잡을 때도 최선을 다합니다. 상대를 깔보거나 이미 답을 알고 있다는 식의 오만함은 실패로 가는 지름길입니다. '대충대충' 해서 이룰 수 있는 것은 아무것도 없습니다.

집중은 진심에서 나옵니다. 어떤 문제에 집중한다 함은 그 문제를 정면으로 응시하는 것입니다. 상투적으로 접근하는 것이 아니라 통속적인 시각으로 접근하는 것이 아니라 편견과 선입견을 다 버리고 처음 대하는 문제처럼, 세상에서 가장 중요하고 긴급한 문제처럼 직시하는 것입니다.

어떤 문제든 최선 다음에는 차선이 있고 차선이 안 되면 차악이라도 있는 법입니다. 최선이나 차선 또는 차악을 찾는 과정은 냉철한 이성과 합리성을 필요로 합니다. 당위론적인 주장이나 도덕주의, 근본주의적 신념만으로는 답을 찾을 수 없습니다. 차선이나 차악에 만족할 수 없기 때문입니다. 대화에서 최선은 드뭅니다. 서로 입장이 다르다면 내가 원하는 방식으로 혹은 나와 상대가 100퍼센트 만족하는 방식으로 결론을 내기란 어렵겠지요. 그렇다고 설득을 포기할 수는 없습니다. 우리는 차선, 차악이라도 찾아야 합니다. 이 지난하고 어려운 과정을 가능하게 하는 것은 바로 진지함입니다. 진지한 접근만이 대안을 찾아갈 수 있습니다. 대화 중에 딴짓을 하거나, 하품이나 한다면 그 대화를 이어 나갈 기분이 날까요?

상대가 진심을 다해 대화에 임하고 있는지 아닌지는 한두 마디만 해봐도 알 수 있습니다. 말 못하는 짐승도 주인이 자기를 아끼고 사랑하는지, 하찮게 여기고 막 대하는지 아는 법입니다. 하물며 '만물의 영장'이라 불리는 사람이 상대가 자신을 중하게 여기고 존중하는지 건성으로 대하는지를 모를까요? 대화를 할 때 상대의 눈을 똑바로 보라거나 상대의 눈과 입 근처를 쳐다보라고 하는 것도 말하자면 '내가 진심을 다해 당신의 말을 듣고 있습니다.' 하는 메시지를 눈으로 표현하라는 뜻입니다.

이렇듯 대화에 진정성을 가지고 임하려면 대화가 문제 해결의 유일하고도 가장 좋은 방법이라는 확신이 있어야 합니다. 굳이 말을 섞지 않아도 될 일이라면 상대를 설득할 이유도 없겠지요. 예컨대, 힘으로 하면 된다고 생각하면 대화는 힘을 쓰기 위한 명분 쌓기로 전락하고 맙니다. 이런 식으로는 대화가 될 수 없습니다. 대화가 유일한 해결 방법이다, 반드시 대화로 해결해야 한다고 생각해야 진정성이 생깁니다.

대화를 유일한 해결 방법으로 생각한다는 것은 '내 생각이 절대적으로 옳다'는 생각을 하지 않는다는 뜻입니다. 내 생각도 틀릴 수 있고, 대화를 통해 내 생각이 변화될 수도 있음을 인정한다는 뜻입니다. 내가 옳고 네가 틀린 것이 분명하다면 굳이 대화할 필요가 없습니다. 힘으로 상대를 제압한다고 해도 이를 정의라는 이름으로 정당화할 수 있으니까요.

서로의 불완전성을 받아들이고 대화를 유일한 해결책으로 생각하여 진정성을 가지고 상대를 설득하는 것, 차선, 차악이라도 대안을 도출하고자 끈기 있게 대화를 이어가는 것, 이러한 태도야말로 인류가 민주주의를 발전시켜 오는 과정에서 가장 강력한 힘으로 작용해 온 원리입니다.

불완전함에 대한 자각과 인정, 그로부터 비롯된 절대적 겸손과 개방성, 이것이 진정성의 근원이자 모든 대화의 출발점인 것입니다.

확신이 있어야 한다

말이 힘을 가지려면 말하는 사람이 확신을 가져야 합니다. 그래야 말에 의지가 실리고 자신감이 담깁니다. 상대가 확신을 가졌을 때는 나와 생각이 달라도 '혹시 그가 맞을지도 몰라!' 하는 생각이 저절로 들게 되지요.

확신이 없으면 그럴 수 없습니다. 한두 번의 반문에도 흔들리게 됩니다. 같은 말을 반복적으로 하게 되지요. 스스로 설득력이 없다고 생각하기 때문에 여러 방식으로 설명하게 됩니다. 그러다 보면 주장은 불분명해지고 약점은 더 많이 노출됩니다. 이렇게 확신 없이 중언부언했다가는 정곡을 찌르는 한마디 반론에 여지없이 무너지고 마는 것입니다.

'확신'은 '고집'과 다릅니다. 확신은 논리적 근거를 갖추는 것이고 고집은 주관적 아집에 빠지는 것입니다. 확신은 냉정하고도 합리적인 검증 과정을 거쳐 옳고 바르다고 생각하고 그것을 신념화하는 것입니다. 반면에 고집은 아무런 근거 없이 주관적으로 옳다고 단정하고 그것을 강변하는 것입니다. 그러므로 확신은 토론이 가능하나 고집은 토론이 불가능합니다. 확신은 확신으로 이른 근거들에 대한 합리적 문제 제기를 통해 교정이 가능하나 고집에 이른 주관적 판단에는 합리적 문제 제기 자체가 불가능하기 때문입니다. 확신은 분석과 설명이 가능하나 고집은 서술만 가능합니다. 따라서 말을 하려는 사람은 먼저 자신의 주장이 확신에 의한 것인지 고집에 의한 것인지 점검해 보는 것이 필요합니다.

우리가 어떤 믿음을 가지고 있을 때 이것을 확신이냐 고집이냐로 분명히 나누기는 어렵습니다. 대부분 확신과 고집 둘 사이의 어느 지점에 존재하지요. 사회, 정치적인 문제들에서 확신을 갖고 있는 사람이 개인적 관계에서는 고집을 부리는 경우도 드물지 않습니다. 이는 세상 모든 문제에 대해 고집이나 '의견 없음'을 넘어서 '합리적 확신'에 이르는 것이 말처럼 쉽지 않다는 것을 뜻합니다. 그렇다면 어떻게 '확신'을 가질 수 있을까요?

확신은 어떤 의미에서든 세계관과 철학을 요구합니다. 어떤 의견이 논리적, 사실적 근거들에 대한 합리적 검증 과정을 거치고 확신의 수준에 이르려면 그 검증을 가능케 하는 기준이나 관점, 즉 세계관과 철학을 갖추어야 합니다. 세계관과 철학이 정립된 사람은 어떤 새로운 현상도 자신의 관점으로 해석하며 문제 제기에 대해서도 합리적으로 대응할 수 있습니다. 만약 그의 주장에 오류가 있다면 이는 합리적 토론 과정에서 자연스레 인식될 것입니다. 다시 한 번 말씀드리지만 확신은 고집과 달리 교정이 가능합니다. 인류의 발달 과정을 보았을 때 인지의 발달과 인식 지평의 확대는 바로 이 같은 확신의 교정을 통해 이루어져 왔다는 것을 알 수 있습니다.

확신은 합리적 의심과 짝을 이룹니다. '열린 사회'는 확신에 대한 합리적 의문이 보장되고 장려되는 사회이기도 합니다. 반면 '닫힌 사회'는 사회의 주도적 가치에 대한 어떤 형태의 의문과 문제 제기도 이단시됩니다. 한마디로 합리적인 의심이 원천적으로 봉쇄된 사회이지요. 이런 사회에서는 토론이 형식에 그칩니다. 사회의 주도적 가치에 대한 근본적인 성찰 없이 단순하게 해석하거나 이해하는 범위 내에서만 이루어지지요. 확신은 열린 사회에서만 가능하며 토론을 통해서 지속적으로 진화, 강화될 수 있습니다.

자기 색깔이 있어야 한다

똑같은 말도 누가 하느냐에 따라 느낌과 뉘앙스가 달라집니다. 말하는 사람의 이미지나 지위 등에 따라 타당하게 들리기도 하고 생뚱맞게 들리기도 하지요. 심지어 같은 사람이 같은 말을 해도 시기와 장소에 따라 다르게 받아들일 수 있습니다. 음색과 억양, 맥락에 따라 의미가 달라지기 때문입니다.

말에는 다양한 색깔이 존재합니다. 저마다 개성이 있지요. 글을 읽으면 자연스레 누가 썼는지 알게 될 때가 있습니다. 지은이마다 글의 특징이 있기 때문입니다. 말도 마찬가지입니다. 우리는 음성이나 구사하는 낱말만으로도 그가 누군지를 짐작할 수 있습니다. 이는 사람마다 음색이 다르고 말하는 습관이 다르며 저마다 잘 쓰는 표현, 자주 구사하는 어법이 있기 때문입니다.

자기 색깔이 전혀 없는 무색무취한 말하기란 존재할 수 없습니다. 가능하다고 해도 의미가 없겠지요. 그런 기계적인 대화가 설득력을 발휘할 수 있을까요? 아까 말씀드렸듯이 말을 잘하려면 진정성과 확신이 있어야 합니다. 그 자체가 자기 색깔을 띠는 일이지요. 그러므로 문제는 자기 색깔을 갖느냐 마느냐가 아니라 '어떤' 색깔을 갖느냐 하는 것입니다.

'봄' 하면 밝고 가벼운 색이 떠오르고 '여름' 하면 짙고 강한 색이 떠오르듯이 말에는 다양한 빛깔이 있습니다. 우리는 상황이나 상대에 따라 거기에 맞는 색깔을 선택합니다. 마치 격식과 자리에 맞춰 옷을 입듯이 말입니다. 그렇다고 카멜레온처럼 매번 색깔을 바꿀 수는 없는 노릇입니다. 그랬다간 믿을 수 없는 사람이라는 비난이 쏟아질 테니까요. 상황에 맞추되 일관성이 있어야 신뢰를 줄 수 있습니다. 그래서 우선 자신의 전체적인 색깔을 갖는 것이 중요합니다. 자기만의 어법과 화법, 제스처를 만드는 것이 도움이 됩니다.

우리는 말을 할 때 다양한 신호를 상대에게 보냅니다. 표정, 말투, 손짓, 몸짓이 한데 모여 특정한 메시지를 전달하게 되지요. 우리는 은연중에 이러한 신호를 감지하고 해석합니다. 따라서 확신과 진정성이 잘 드러나는 자기만의 어법과 화법, 제스처를 갖는 것은 말의 설득력과 전달력을 높이는 데 도움을 줍니다. 한두 번 만나서 대화를 나누다 보면 상대도 거기에 익숙해집니다. 신뢰가 쌓인 상태에서 편안하게 관심을 유도할 수 있습니다.

　물론 말은 내용이 가장 중요합니다. 말 꾸미기나 동작에 신경 쓰느라 가장 중요한 핵심을 빠뜨리는 실수를 해서는 안 되겠지요. 진정성 없는 제스처의 남발은 오히려 독이 될 수 있습니다. 관심과 집중을 분산시키는 역효과도 있을 수 있지요. 상대가 뻔하다고 느낄 수도 있으므로 상황에 맞게 변형하는 유연함이 필요합니다. 음악에서 교향곡이 다양한 변주가 있지만 전체적인 통일성과 다양성을 동시에 구현하는 것과 마찬가지입니다. 말하기에서도 통일성과 다양성이 잘 어우러질 때 설득력이 높아질 것입니다. 메시지의 통일성과 소재의 다양성이 상승효과를 만들어 내기 때문입니다.

　지금까지 말을 잘하는 방법 몇 가지를 소개했습니다. 그런데 이것은 제가 생각해 낸 것이 아닙니다. 예로부터 '수사학' 혹은 '화법론'이라는 것이 있었지요. 어떻게 하면 상대를 잘 설득할 수 있을지, 어떤 표현, 어떤 형식이 효과적인지 등을 연구한 것이에요. 워낙 방대하고 전문적인 내용이라 여기에 몇 가지 더 소개하는 것으로 만족해야 할 것 같습니다.

● ● ●

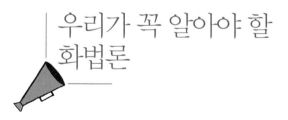

우리가 꼭 알아야 할 화법론

구어체 쓰기

말을 하는 것을 '구어'라 하고 글로 쓰는 것을 '문어'라 합니다. 그러므로 말을 할 때는 구어체 화법을 쓰는 것이 맞고 글을 쓸 때는 문어체를 쓰는 것이 맞지요. 때로 현장감을 살리려고 글에서 구어체를 사용하거나 말에서 문어체를 사용하기도 합니다. 그러나 이는 특별한 경우에 한합니다.

일반적으로 말을 할 때 문어체 화법을 쓰는 것은 격에 맞지 않고 어색합니다. 비교해 볼까요?

"얘, 오늘 학교에 가서 뭐 했니?"

"오늘 너는 학교에 가서 무엇을 했나요?"

두 번째 말이 어색하다는 것을 당장에 알 수 있습니다. 마치 코미디프로에 나오는 '책 읽기' 느낌의 말 같지 않나요? 말은 상대의 얼굴을 보면서 주고받는 것이고 글은 상대를 염두에 두되 보지 못하는 상태에서 일방적으로 쓰는 것입니다. 글에는 불특정 다수를 대상으로 하는 에세이니 소설이 있을 것이고 상대가 한 명이라면 편지, 정해진 여러 명이라면 강의록 등이 있습니다. 모두 현장에서 대면 상태로 이루어지지 않는다는 공통점이 있습니다.

짧은 문장으로 말하기

위의 두 번째 형식의 말 즉, 문어체 화법은 마주하고 있는 상대를 고려하지 않고 일방적으로 내 얘기를 하는 것과 같습니다. 말은 특수한 상황이 아닌 이상 구어체 화법으로 해야 합니다. 가급적 직설적이고 직접적으로 해야 하며 구체성이 있어야 합니다. 그러려면 복문, 중문보다는 단문 위주로 말하는 것이 좋습니다. 맺고 끊음이 분명해야 합니다. 아래 문장을 비교해 보세요.

"토론은 인간의 불완전성을 전제로 합니다.
인간이 신처럼 완벽하다면 말이 필요할까요?
오류가 없는데 의견을 조정할 이유 자체가 없지요."

"토론은 인간의 불완전성을 전제로 하는데 인간이 신처럼 완벽하지 않으니까 오류가 있기 마련이고 그래서 의견을 조정하는 겁니다."

위 글을 글로 읽지 않고 말로 하면 두 문장 간 차이는 더욱 분명해집니다.

말 흐리지 않기

말을 흐리는 것도 좋지 않은 습관입니다. 인터넷 게시판이나 메신저에 글을 쓸 때 습관적으로 줄임표를 쓰는 사람들이 있습니다. 사적인 글이고 느낌의 전달이 중요하기 때문에 특별히 잘못됐다고 지적할 바는 아닙니다. 오히려 독특한 재미를 주겠지요. 그러나 이런 표현을 공식 문서나 논문에 사용한다면 문제가 되겠지요. 대화에서도 마찬가지입니다. 말을 흐리는 것은 신뢰를 떨어뜨리는 일입니다. 자신이 없어 보이니까요. 꼭 필요한 경우가 아니면 명확하게 종결형 어미로 끝내는 것이 좋습니다. 그러려면 우선 생각을 정리해야겠지요. 내가 생각을 분명히 정리하고 전달할 내용의 우선순위를 정해야 합니다. 그래야 중요한 내용을 강조하면서 상대를 설득할 수 있으니까요.

요점을 먼저 말할지, 나중에 말할지 정하기

말에는 순서가 있습니다. 시간의 흐름에 따라 이어지는 대화의 속성상 무엇부터 말을 해야 할지가 중요해집니다. 빨리 용건을 마쳐야하는 사람 앞에서 지루하게 사변적인 얘기를 늘어놓는다면 그 대화는 실패하고 말 것입니다. 반면 오랜만에 만난 친구에게 무겁고 딱딱한 이야기부터 먼저 한다면 상대에게 실망감을 안길 수도 있겠지요. 상황에 따라 효과적인 방법을 사용해야 합니다. 강연을 예로 들겠습니다.

보통 1시간 이상 강연을 하면 대개 뒤로 갈수록 집중력이 떨어집니다. 보통 이야기 시작할 때 5~10분, 그리고 끝낼 때의 2~3분 정도가 가장 반응이 좋습니다. 용케 중간에 졸지는 않는다 해도 몰입이 쉽지 않습니다. 건성으로 듣거나 딴생각을 할 가능성이 많지요. 이런 대중 강연에서는 초반에 주요 메시지를 전달하는 것이 좋습니다. 이를 두괄식 구조라고 합니다. 내가 하고 싶은 얘기를 먼저 하는 겁니다. 긴 대화를 해야 할 때, 상대가 인내심이 없어 보일 때 효과적이겠지요.

두괄식 화법을 익히려면 말하기 전에 생각하는 버릇을 키워야 합니다. 생각을 정리하고 핵심을 추려 효과적으로 표현해야 합니다. 여기에 익숙해지면 이른바 '단도직입'이 가능해집니다. 늘 결론부터 말하고 우물쭈물하지 않으며 거침없이 말할 수 있게 되지요. 문제는 이러한 화법이 자칫하면 건방지고 오만한 태도로 비치거나 경솔

하고 입바른 태도로 받아들여질 수 있다는 것입니다. 이를 피하려면 천천히 말하는 법을 익혀야 합니다. 질문에 바로 답하기보다 한 번 더 생각하는 신중함이 듣는 이에게 설득력을 준다는 건 두말할 필요가 없겠지요.

중요한 말을 나중에 할 수도 있습니다. 바로 미괄식 화법입니다. 방금 말씀드렸다시피 '단도직입'적으로 말하기 어려울 때가 있습니다. 상대가 경계심을 갖고 있거나 쉽게 설득할 수 없는 성격이라면 차근차근 근거를 대가며 이야기하다가 마지막에 결론을 내리는 것이 좋겠지요. 특히 반대 의견을 가진 사람과의 대화라면 초반의 '단도직입'이 반발심을 불러일으켜 대화를 어려운 방향으로 흘러가게 할 수 있습니다. 미괄식 화법은 결론의 근거들을 서두에 제시함으로써 좀 더 설득력을 가질 수 있다는 장점이 있습니다.

끝날 때 한 번 더 메시지를 반복할 수도 있습니다. 듣는 이로 하여금 처음 전달받았던 내용을 다시 한 번 환기시켜 주는 것이지요. 이 것이 양괄식 구조입니다. 처음과 끝, 두 번 반복됩니다. 잊어버릴 수도 있는 상황에서 한 번 더 내용을 강조함으로써 메시지를 분명히 하는 방식입니다.

이상의 화법 이외에도 말하기에는 다양한 기술이 있습니다. 그중 하나를 선택해서 사용해도 좋고 자기만의 방식대로 변형해도 좋습니다. 중요한 것은 내가 하고자 하는 말을 어느 시점에든 강조점을 두어 전달해야 한다는 것입니다. 그래야 상대가 핵심을 쉽게 파악할 수 있습니다. 강조점이 없는 대화는 평이하고 지루하기 십상입니다.

강조점이 없는 어법은 만연체가 되기 쉽습니다. 만연체란 수식이 많고 반복적으로 말하는 형태입니다. 이는 절대적으로 피해야 하는 화법입니다. 주제가 없이 산만하고 중언부언하기 때문에 요지를 파악하기 힘들지요. 말하는 사람 스스로 맺고 끊을 곳을 알지 못해 말에 힘을 줄 수 없습니다. 시작이 힘이 없으니 끝도 선명하지 않고 강약이 없어 메시지가 있다 해도 전달력이 떨어지기 쉽습니다.

> "어제 내가 친구를 만났는데 그 동네 왜 그렇게 시끄럽던지⋯ 어릴 적에 한 번 가보긴 했지만 그때랑 딴판이어서 놀랐는데 걔가 살이 쪘나 싶기도 하고 처음엔 못 알아보고 그냥 지나쳤는데⋯ 오늘은 날씨가 왜 이러니? 너도 추운데 감기 들지 말고 따뜻하게 입어. 우리 엄마가 그러는데 살찐 사람이 감기에 걸릴 확률이 그렇지 않은 사람보다 몇 배는 많다는 얘기가 잡지에 실렸다나 뭐라나⋯. 그리고 너 혹시 어제 그거 봤니? 실시간 검색어 1위에도 올랐던데⋯ 참, 내가 어디까지 얘기했지?"

사적인 자리에서는 웃고 넘어갈 일이지만 중요한 대화에서 이런 식으로 요점이 뭔지 모를 얘기가 계속된다면 문제겠지요.

말하기는 훈련입니다. 날 때부터 말을 잘하는 사람은 없습니다. 어릴 때부터 말을 많이 하는 사람은 있어도 별다른 훈련과 교육 없이도 말을 잘하는 사람은 드뭅니다. 두괄식이든 양괄식이든 중요한 것은 끊임없는 노력과 의식적인 훈련입니다.

●●●

독서에서 나오는 말의 힘

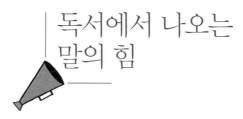

말은 내가 아는 것을 상대방에게 보여 주는 것이 아닙니다. 많은 사람들이 착각하는 것 중 하나가 '많이 알면 이긴다'고 생각하는 겁니다. 말에서 중요한 것은 상대에 대한 이해입니다. 상대의 생각과 감성을 이해하고 있어야 합니다. 상대를 알아야 내 생각을 잘 전달할 수 있습니다. 상대를 안다는 것, 상대를 인정한다는 것은 인간에 대한 이해에서 시작합니다. 우리가 만나는 상대방은 나와 살아온 세월이 다릅니다. 내가 열여섯이라면 그 친구 역시 16년을 다른 가정환경과 성장 과정에서 살아온 거예요. 나이 든 어른들도 마찬가지입니다. 그러니까 나와 의견이 다르다고 해서 혹은 말도 안 되는 주장을 한다고 해서 저 사람은 왜 저렇게 생각하지? 하고 무시할 게 아니에요. 그 사람이 하는 생각의 배경, 왜 저 사람은 저렇게 생각하게 되었을까? 이런 이해가 있을 때 토론이 가능합니다.

이 같은 역지사지 능력을 어떻게 키울 수 있을까요? 내가 타인의 삶을 경험하지 않는 이상 그 사람처럼 생각하기는 어렵습니다. 하지만 방법이 없는 것은 아니에요. 바로 독서가 있습니다. 다른 사람의 생각, 경험 이런 것들이 책 속에 고스란히 녹아 있습니다. 책을 보니까 이런 생각을 하게 된 배경에는 이러 이러한 것들이 있던데 그러면 저 친구도 이런 이유 때문에 이렇게 말하는 것이겠구나…, 이렇게 유추할 수 있지요. 책을 많이 읽으면 그만큼 다양한 생각들을 알 수 있습니다.

사전에 충분한 독서가 뒷받침되지 않으면 상대는 물론 상대의 말을 제대로 이해하기가 어렵습니다. 분명히 나와 다른 얘기를 하는 듯한데 그게 뭔지 모를 경우가 생기는 거예요. 내가 이해를 못 하기 때문입니다. 그렇게 되면 차이를 넘어설 방법을 찾기 어렵지요. 얘기가 다른 건 알겠는데 어쩔 도리가 없다고 느끼면 자꾸 우기게 됩니다. 나만 옳다고 주장하게 되는 거예요. 상대도 마찬가지입니다. 서로 다른 소리만 하게 되는 겁니다. 그러면 토론 시간 내내 각자의 얘기만 하다가 끝납니다. 소모적인 논쟁이 되고 마는 것이에요. 이런 토론은 무의미합니다.

함께 마음을 열고 생각을 모으는 좋은 토론이 되려면 상대방을 이해해야 합니다. 그러려면 충분한 사전의 준비가 필요합니다. 그 준비의 핵심이 독서입니다. 내가 모든 사람의 인생을 살아 볼 수는 없기에 독서가 필요합니다. 독서를 통해 다른 사람의 삶을 대신 경험하는 것이지요.

독서를 할 때는 고전부터 읽는 것이 좋습니다. 고전은 인간의 보편적인 경험들이 쌓인 보물 창고라고 할 수 있습니다. 고전을 많이 읽으면 인간에 대한 보다 풍부한 이해가 가능합니다. 토론장에서 처음 마주친 사람에게 경계심을 느끼기보다는 보편적 인간으로서 그 사람에 대한 이해를 먼저 할 수 있습니다. 내가 그 사람과 오랫동안 사귄 것도 아닌데 말 몇 마디만 들어도 '아, 이 사람은 이렇구나.' 하는 판단이 드는 거예요. 그러면 자연스레 내가 어떻게 이야기를 해야 할지 알게 됩니다. 설득이 가능해지는 순간이에요. 그 사람과의 접점이 생깁니다.

상대를 설득하는 가장 좋은 방법은 지식도 달변도 아닙니다. 바로 '공감'이에요. 내가 그 사람을 이해하고 그 사람의 말에 귀 기울이다 보면 어느 순간 그 사람이 나의 말에 호응해 옵니다. 내가 자신의 말에 공감하고 있다고 느끼기 때문이에요. 대화를 하다 보면 "아 맞아!" 하고 그 사람 말에 맞장구칠 때가 생깁니다. 이것이 바로 '공감'이에요. 말을 잘하려면 공감이 필요하고 공감을 얻으려면 상대에 대한 이해가 필수적입니다.

글쓰기와 메모를 통한 말의 힘

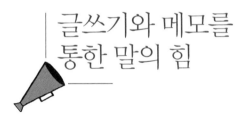

사람은 확신이 없을 때 말꼬리를 흐리게 됩니다. 처음에는 큰 소리로 시작했는데 뒤로 갈수록 목소리가 작아지고 조리가 없어지지요. 자신이 없으면 중간에 버벅거리기 쉽습니다. 같은 말을 되풀이하거나 머뭇거리는 행동도 그래서 생겨요. 말뿐만 아니라 표정이나 몸짓에서도 드러납니다. 사람을 똑바로 바라보지 못하고 시선을 떨어뜨리거나 손에 땀이 나고 안절부절못합니다. 이런 일을 한 번 겪으면 다시는 사람들 앞에서 말하고 싶지 않겠지요. 많은 사람 앞에서 말하거나 부담되는 장소에서 말하는 게 어려울 수도 있습니다. 단계적으로 해나가는 것이 좋습니다. 자기가 감당할 수 있는 수준부터 시작하는 겁니다. 처음부터 불가능한 목표를 세워 놓고 실패하고 좌절하는 것보다는 천천히 조금씩 점진적으로 개선해 가는 것이 낫습니다. 처음 발표할 때에는 분명하고 짧게 말하는 게 좋습니다. 말의 길이가 중요한 것이 아니라 말의 내용이 중요합니다. 이 책의 들어가는 말 첫머리에 나오는 링컨의 짧은 연설처럼 말이지요. 내가 확신하는 내용을 정확하게 전달했다면 길든 짧든 그것만으로도 훌륭한 발표가 될 수 있습니다. 그러다가 경험이 조금씩 쌓이면 좀 더 긴 내용을 더 많은 사람들 앞에서 유창하게 말할 수 있겠지요. 시간을 두고 단계적으로 연습하면 틀림없이 나아집니다.

사람은 누구나 틀릴 수 있습니다. 아무리 뛰어난 연설가도 중간에 틀린 말을 할 수 있어요. 대통령이나 국회의원이 연설 원고를 읽을 때도 그런 일이 생깁니다. 심지어 '말 전문가'인 아나운서들도 뉴스를 전할 때 실수를 합니다. 인간인 이상 완벽할 수는 없어요. 중요한 것은 실수가 아니라 실수 후에 보이는 태도입니다. 실수했다고 당황하면 나중에 더 큰 실수를 하게 됩니다. 그러니 실수를 했을 때는 부끄러워하거나 당황하지 말고 이렇게 말하면 됩니다. "미안합니다. 다시 하겠습니다." 그리고 실수한 곳부터 다시 말하면 됩니다. 아나운서들이 뉴스를 전하다 실수하면 틀린 지점에서 다시 시작하듯이 말이에요.

말을 잘하려면 말하려는 내용을 스스로 잘 이해하고 있어야 합니다. 남이 써 주는 원고를 읽거나 잘 모르는 내용, 자신 없는 내용을 이야기할 때는 그럴 수 없어요. 아무리 천천히 말해도 집중이 안 되고 떨립니다.

사람의 생각은 고정되어 있지 않습니다. 늘 흐르고 움직입니다. 그래서 생각을 정리하지 않고 말하면 도중에 주제를 잊어버리거나 엉뚱한 이야기로 흐르게 됩니다. 생각을 정리하는 가장 좋은 방법은 글쓰기입니다. 말하기 전에 미리 메모해서 중간에 확인하면 흐름을 놓치지 않습니다. 즉흥 연설에 능숙한 정치인이나 언론인들도 이런 방법을 씁니다. 자기가 말할 내용을 미리 적어 놓는 것은 다른 사람이 보기에 결코 부끄러운 일이 아닙니다. '저 사람은 준비성이 철저하구나!' 하면서 오히려 믿음을 주지요. 좋은 말하기를 하려면 메모를 적극 활용하세요.

말하기의 실제

앞서 말 잘하는 방법을 소개했습니다. 기본적으로 갖추어야 할 항목들이지요. 여기서는 좀 더 구체적으로 연설, 토론, 대화 등 각 상황에서 적용할 수 있는 말하기 기술들을 살펴보겠습니다.

4

좋은
대화

대화는 대체로 사적 관계에서 이루어집니다. 우리는 일상적으로
친한 친구나 가족, 혹은 선후배와 대화를 나누지요. 그만큼 대화
주제의 폭도 넓습니다. 극히 개인적인 일부터 우주와 생명 같은 거
대 담론까지, 인간이 갖는 모든 관심사가 대화의 주제가 될 수 있
습니다. 여기서 어떤 주제가 옳으냐 하고 따지는 것은 의미가 없지
요. 우리가 대화에서 생각해 봐야 할 것은 주제가 아니라 '대화 상
대자'입니다.

나에게는 어떤 문제든 터놓고 얘기할 대화 상대자가 과연 몇 명이나
있을까?

생텍쥐페리의 소설 『어린 왕자』의 한 대목입니다. 여우가 어린 왕자에게 이렇게 말하지요. 여러분에게는 얼마나 많은 대화 상대자가 있습니까?

대화 상대가 된다는 것은 서로에게 익숙해신다는 뜻입니다. 서로의 어법과 화법에 익숙해지고 서로의 취향을 알게 되고 서로의 감정과 정서의 변화를 이해할 수 있게 된다는 말입니다. 역설적으로 말하면 좋은 대화 상대지는 아무런 말을 하지 않아도 서로 알 것만 같은 사람입니다. 건강한 대화 상대는 하루 내내 아무 말 없이 차 한 잔을 앞에 놓고도 편안하게 있을 수도 있고 며칠 밤을 새워 대화하고 또 대화할 수도 있습니다. 서로 지루해하지 않으면서 말이지요. 대화의 생명은 '감응'이기 때문입니다.

대화는 같이 느끼는 것입니다. 서로 마주 보는 것이 아니라 같은 곳을 바라보는 것입니다. 가까운 사이라고 해서 모두 좋은 대화 상대가 될 수는 없는 이유입니다. 대화에는 노력이 필요합니다. 서로를 이해하고 교감하고자 하는 마음이 있어야 하지요. 대화를 하려면 먼저 마음을 열어야 합니다. 닫힌 마음으로는 참된 대화를 나눌 수가 없지요.

일상적인 대화에서도 일방적으로 주도하는 사람이 있습니다. 그럴 경우 상대와 정서적 교감을 나누었다는 느낌을 얻기 어렵지요. 대화를 주도하겠다고 의식하는 순간 목소리가 커지거나 어깨에 힘이 들어가는 것이 인지상정입니다. 이래서는 서로가 편한 대화를 할 수가 없겠지요. 모름지기 좋은 대화란 주도자가 없는 대화, 주도하겠다는 의식 자체를 하지 않는 대화입니다.

좋은 대화를 나누려면 상대의 눈을 잘 보고 상대의 이야기를 잘 들어야 합니다. 일대일 대화에서는 그런 경우가 별로 없지만 여러 명이 대화할 때면 화제를 돌리거나 따로 소곤거리는 경우가 있습니다. 이것은 대화의 기본 예의를 지키지 않는 행동입니다. 자신뿐만 아니라 그 자리에 있는 다른 사람들이 대화에 집중하지 못하게 합니다. 대화 중에 전화를 사용한다거나 게임을 하는 친구들을 보면 기분이 어떤가요? 그 사람은 그럴 의도가 아니었다고 해도 대화를 하는 사람은 왠지 무시당하는 기분이 들 겁니다.

영화를 볼 때 전화기를 꺼두듯이 대화를 할 때도 최대한 상대에게 집중할 수 있도록 환경을 만드는 것이 중요합니다. 가까운 사이일수록 더욱 그렇지요. 친한 사이에는 함부로 해도 된다고 생각할 수 있습니다. 그러나 그만큼 쉽게 상처를 받을 수도 있다는 사실을 명심해야 해요. 대화 예절은 가까운 사이일수록 잘 지켜야 합니다. 대화가 단절되고 벽이 쌓이면 금세 사이가 멀어질 수도 있으니까요.

대화할 때 상대의 말에 적절하게 호응하는 것도 중요합니다. "그랬구나." 하면서 고개를 끄덕이거나 눈빛을 교환하는 것도 좋은 방법입니다. 상대로부터 공감을 받았다고 느끼게 되면 더 신나서 많은 말을 할 수 있습니다. 맞장구를 함으로써 대화가 꼬리에 꼬리를 무는 식으로 진행된다면 대화가 재미있어질 뿐 아니라 내용도 깊어질 것입니다.

화제를 바꿀 때도 상대의 말을 끝까지 듣고 나서 하는 것이 좋습니다. 듣기 싫다고 당장 상대의 말을 끊고 내 관심사를 말하지는 말아야 합니다. 한 번쯤 더 생각하고 기다려야 합니다. 자연스럽게 흐름을 바꾸면 상대방이 나의 이야기에 좀 더 귀를 기울일 수 있습니다.

효과적인 토론

토론은 우리가 일상에서 가장 많이 접하지만 가장 어려워하는 말하기입니다. 보통 사람들은 연설이나 강연을 할 일이 별로 없지요. 대신 토론은 학교나 직장에서 수시로 행해집니다. 주제를 잡고 하는 토론이 있을 수 있고 새로운 아이디어를 짜내기 위한 토론이 있을 수 있습니다. 주제가 정해져 있다면 이에 대한 찬반이 나뉠 수도 있겠지요. 방송 토론 프로그램은 민감한 주제를 두고 이루어지기 때문에 격론이 오갈 때가 많습니다. 참가자는 준비 과정에서부터 '전의'를 불태우게 되지요. 토론에는 승부가 있습니다. 이기는 사람이 있고 지는 사람이 있지요. 일종의 게임과도 같습니다. 승부욕이 강한 사람은 말싸움에서 지는 것을 매우 싫어합니다. 그래서 찬반을 묻는 토론에서는 목소리가 커지고 심지어 삿대질이 오가기도 하지요. 서로 공방만 하다 결론은 못 내고 적개심만 키운 채 끝나는 경우도 많습니다. 토론이 제 역할을 하지 못한 것이지요. 강연이나 연설을 잘하는 사람도 이런 분위기에서는 토론을 잘하기 어렵습니다. 이런 문제를 극복하려면 어떻게 해야 할까요? 토론 또한 남의 얘기를 잘 듣는 것이 중요합니다.

토론에는 주제가 있고 논점이 있습니다. 상대의 주장과 논점을 모르면 자기 입장을 효과적으로 관철시키기 어렵지요. 먼저, 상대의 말을 들어야 합니다. 내 생각은 그다음이지요. 앞서 말씀드렸듯이 지피지기면 백전백승입니다.

상대의 입장을 이해하려면 입장을 바꿔 생각하는 능력이 필요합니다. 바로 '역지사지'이지요. '내가 상대라면 어떻게 할까? 어느 대목을 강조하고 어느 대목을 감추고 싶을까?' 이렇게 입장을 바꿔 생각하다 보면 '적의'나 '적개심'보다는 상대를 이해하는 마음이 생깁니다. 간혹 상대보다 더 상대의 입장을 잘 알게 될 수도 있지요. 상대를 이해하고 받아들인 사람은 토론을 주도적으로 이끌어 갈 수 있습니다. 상대의 논리적 허점까지 보완해 주면서 토론해 간다면 그 토론에 '적의'와 '적개심'이 끼어들 여지는 훨씬 줄어들겠지요.

토론은 제한된 시간에 하는 것이고 상대가 있습니다. 다시 말해 말의 순서가 있다는 것입니다. 토론에서 순서를 지키는 것은 영화관 입구에서 차례를 기다리는 것과 같습니다. 누군가 차례를 지키지 않으면 그 순간 줄 자체가 무너지겠지요. 서로 먼저 들어가려고 아우성치다 보면 그날 영화를 못 보게 될 수도 있습니다.

토론도 마찬가지입니다. 순서를 지키지 않으면 토론 자체가 불가능해져요. 중간에 상대의 말을 끊고 끼어드는 행동은 절대 피해야 합니다. 이것은 매우 무례한 일이고 악의적인 새치기와 같습니다. 이야기를 듣다 보면 답답하고 화가 날 수도 있습니다. 그러나 그 정도의 인내심도 갖추지 못했다면 애초에 토론을 시작하지 않는 편이 좋습니다.

정치권에서 벌어지는 토론의 경우 상대의 논리 흐름을 끊고자 일부러 끼어드는 경우가 있는데, 이는 참으로 비겁한 짓입니다. 우리가 의견이 갈리는 사안에 대해 토론하는 것은 토론이 주먹다짐보다 낫다는 암묵적 동의가 있기 때문입니다. 다른 사람의 말을 끝까지 들을 준비가 되어 있지 않은 사람에게는 토론보다 결투를 권하고 싶습니다. 상대를 인정하지 않고 제압하는 것을 목적으로 하니까요. 그러나 명심할 것은 결투에서 이긴다고 거짓이 진리가 되는 것도 아니고, 결투에서 진다고 그의 주장이 거짓이 되는 것도 아니라는 점입니다.

또 한 가지 토론에서 중요한 것은 바로 '시간'입니다. 지식을 과시하려는 듯 장황하게 이것저것 떠들어 대는 토론자는 결코 좋은 평가를 받을 수 없습니다. 논점이나 논리가 분명하지 않아 우왕좌왕하는 토론자도 마찬가지입니다. 만약 토론에서 성공률 100퍼센트의 기술이 있다면 그것은 주어진 시간 내에 논점을 분명히 하고 요지를 명료하게 전달하는 것입니다. 토론에는 다양한 방식으로 말의 순서와 시간이 정해져 있습니다.

예컨대 참여자가 두 명이고 주어진 시간이 10분일 경우, A 먼저 5분 말하고 그다음에 B가 5분 말하는 토론이 있을 수 있습니다. 이것은 가장 재미없는 방식입니다. 토론이라기보다 그냥 '순서대로 말하기'에 가깝지요. 보통은 시간을 나누어 차례차례 사용합니다. A가 먼저 1분 동안 자기주장을 하고 그다음 B가 1분 동안 자기주장을 합니다. 그리고 나서 상대 주장에 대해 각각 3분씩 반박 발언을 하고 남은 1분은 정리 발언에 할애하는 식이지요. 그러면 참여자는 10분에 무려 세 번이나 말할 기회를 갖게 됩니다. 게다가 상대의 얘기를 듣는 것에 그치지 않고 반박할 수도 있지요. 이런 토론이 재미도 있고 효과도 있습니다.

그런데 토론을 이렇게 진행하려면 진행자와 참여자 모두 시간을 잘 지켜야 합니다. 남의 말을 끊거나 시간을 초과하여 발언하면 토론이 제대로 되지 않겠지요. 시간 지키기는 기계적 형평성을 떠나서 토론 자체를 역동적이고 생산적으로 이루어지게 하는 필수 조건입니다.

또 하나 말씀드릴 것이 토론의 '구체성'입니다. 막연한 내용으로는 좋은 토론을 하기가 어렵습니다. 토론이 현학적으로 전개되거나 관념적으로 흐르면 듣는 사람들이 갈피를 잡기도 어렵고 참가자들이 논점을 분명히 하기도 어렵습니다. 내가 많이 안다는 사실은 중요하지 않습니다. 차이를 발견하고 합의점을 도출하는 것이 토론이기에 얼마나 구체적으로 이야기를 풀어 나가느냐가 포인트입니다.

TV나 라디오의 토론 프로그램은 추상적인 주제를 피하는 경향이 있습니다. 추상적인 주제나 개념을 토론할 경우 토론이 어렵고 지루해지며 논점 정리가 잘 안 되기 때문입니다. 이럴 때는 최대한 구체적인 소재를 동원해 끌고 가지요. 우리가 일상적인 토론에서도 적용할 만합니다.

마지막으로, 토론을 잘하려면 상대를 존중해야 합니다. 상대가 나를 존중하는지, 무시하는지, 싫어하는지는 눈빛만 봐도 알 수 있습니다. 만약 상대가 너무 밉다, 저 사람과는 말을 섞고 싶지도 않다, 그러면 차라리 안 하는 편이 낫습니다. 토론은 상대의 주장도 받아들일 수 있다는 전제가 있어야 하기 때문입니다.

토론은 차이를 좁히고 대안을 찾기 위해 하는 것입니다. 서로 차이를 확인하는 토론. 차이를 넓히는 토론, 사태를 악화시키는 토론은 차라리 하지 않는 것이 좋습니다. 토론을 잘하려면 먼저, 그 문제에 관해 토론할 것인지 말 것인지부터 결정해야 합니다. 토론할 주제가 아니거나 준비가 안 된 상태로 한다면 아무리 노력해도 좋은 토론을 할 수가 없습니다.

설득력 있는 연설

연설은 대중을 상대로 하는 것입니다. 따라서 연설의 생명은 집단적 감응에 있습니다. 아무리 좋은 얘기도 대중의 집단적 감응을 이끌어 내지 못하면 실패한 연설입니다. 연설자들은 이 점을 잘 알고 있기에 손뼉이나 환호성 같은 반응을 끌어내고자 노력합니다. 물론 처음부터 이런 반응이 나오기란 쉽지 않습니다. 그래서 많은 연설자들이 '유머'를 활용합니다. 손뼉을 치거나 환호성을 지르는 적극적 반응에 비해 웃음은 상대적으로 유도하기 쉽기 때문입니다.

그렇다고 아무 데서나 유머를 쓸 수 있는 것은 아닙니다. 예컨대 엄숙한 추모 연설 현장에서 유머를 활용했다가는 정신 나간 사람 취급을 받기 쉽습니다. 유머가 항상 성공적이리란 보장도 없습니다. 괜한 유머를 했다가 호응은 커녕 분위기가 '썰렁'하게 가라앉을 수도 있으니까요.

유머는 잘 가려 써야 하고 또 집단적 감응 효과가 확실하다고 판단될 때 써야 합니다. 최대한 자제해야 한다는 말입니다.

유머보다 더 효과적인 것이 있습니다. 바로 청중이 관심을 갖는 문제 또는 메시지에 연설의 초점을 맞추는 것입니다. 선거를 예로 들어보겠습니다. 출마한 후보자는 줄잡아 수백 회의 연설을 하게 됩니다. 이 중 상당수는 특정 이해 집단들을 대상으로 하게 되지요. 예컨대 상인들, 기업가나 종교인들을 앞에 두고 자신의 정책을 설명합니다. 이때 청중이 듣고 싶은 얘기와 후보자가 하고 싶은 얘기는 분명합니다. 후보는 바로 그 얘기를 명료하게 하면 됩니다. 시간을 많이 끌 것도 아니고 중언부언할 것도 아닙니다. 상황에 맞지 않는 유머로 서로 어색하게 할 필요도 없습니다. 그들은 자신들의 이해관계가 달린 문제에 대해 후보의 의견을 듣고 싶어 할 뿐입니다. 따라서 바로 그 문제, 바로 그 메시지에 집중한다면 청중들의 호응을 걱정할 이유가 없습니다. 물론 이때도 청중들의 집중력을 감안해야 합니다. 아무리 자신들이 듣고 싶은 얘기라 해도 몇 시간 동안 집중할 수 있는 청중은 그렇게 많지 않습니다. 지식인, 언론인, 정치인들도 발언이나 연설이 10분을 넘어가면 집중도가 현저하게 떨어지는데 일반인들이야 더 말해 무엇하겠습니까.

TV나 라디오의 교양 시사 프로그램에서 한 꼭지를 10~12분 단위로 끊어 구성하는 이유가 있습니다. 한 주제에 대해 또는 특정인에 대해 그 이상 집중하기란 무리라는 것을 오랜 경험 속에서 알게 된 것이지요.

계속해서 방송을 예로 말씀드리자면, 특집 방송이나 본격 토론 프로그램은 진행 도중 로고를 넣거나 주제를 바꾸거나 시청자나 청취자의 전화나 리포터의 보고를 넣습니다. '짧게 끊어서 여러 번' 가는 것이지요. 이런 프로그램 구성은 빠른 진행에도 도움이 되고 주어진 시간에 최대한 많은 정보를 제공하는 효과가 있습니다. 이런 점을 잘 감안해 강연에도 이러한 방송 기법을 활용할 만합니다. 10~12분 단위로 끊어서 진행하면 청중들이 좀 더 집중하여 연설자가 전하는 메시지를 잘 받아들일 수 있을 것입니다. 물론 이렇게 여러 번 짧게 끊어가다 보면 단편적 정보로 채워진다거나, 내용이 깊이 없이 피상적으로 흐를 수 있다는 한계도 있지요.

다음으로 연설의 특성인 '일방향성'을 어떻게 극복할 것이냐에 대한 문제에 대해 생각해 보겠습니다. 연설이 일방적인 메시지 전달로 진행되는 것은 어느 정도 불가피합니다. 연설은 기본적으로 연설자의 말하기로 이루어지기 때문입니다. 그러나 이 경우에도 청중의 호응은 성공적인 연설의 핵심 요인이 됩니다. 청중과 끊임없이 교감하는 것이 필요하다는 것입니다. 연설자의 말에 청중은 손뼉을 치거나 환호성을 지를 수도 있고 때로 항의를 할 수도 있습니다. 연설자는 이러한 반응에 적절하게 대응하면서 표현의 수위를 조절하거나 말길이나 강조점을 바꿀 수 있습니다. 이때는 제한적으로나마 쌍방향 커뮤니케이션이 이루어졌다고 할 수 있습니다. 반면에 청중의 반응이 어떻든 준비된 원고만 읽겠다는 식으로 연설한다면 일방향에 머물고 말겠지요. 어느 쪽이 연설의 효과가 좋을지는 분명합니다. 연설자들은 청중의 반응에 따라 유연하게 준비한 내용을 전달할 수 있어야 합니다. 그러려면 철저한 준비가 필요하지요. 연설의 내용과 관련한 정보를 완벽하게 파악해야 하고 우선순위를 매겨야 합니다. 그래야 현장의 반응에 따라 적절하게 빼고 더해가며 효과적으로 내용을 전달할 수 있습니다.

그렇다고 모든 연설을 다 이렇게 할 수는 없습니다. 예컨대 대통령의 시정연설 같은 공식적인 연설이 그렇지요. 아주 특수한 상황에서 한두 개 단어나 문장 일부를 고칠 수는 있지만 보통은 사전에 준비된 원고대로 진행됩니다. 단어 하나만 달라져도 그 해석을 둘러싸고 큰 문제가 발생할 수 있기 때문입니다. 예컨대 외교적인 문제를 언급할 때 즉석에서 수정한 단어 하나 때문에 엄청난 역풍이 올 수도 있기 때문입니다. 대통령의 연설은 대통령 개인의 생각을 말하는 것이 아닙니다. 국가원수로서 말하는 것입니다. 대통령의 연설을 위해 청와대 비서실과 관련 부처가 사전에 철저한 조율과 준비를 거치는 이유입니다.

신뢰를 주는
강연

연설과 비슷하면서도 다른 것으로 '강연'이 있습니다. 연설자나 강연자가 일방적으로 메시지를 전달한다는 점에서 보면 비슷합니다. 그러나 결정적인 차이점이 하나 있지요. 그것은 바로 연설과 달리 강연에는 '공식성'이 없다는 것입니다. 어떤 대학교수가 학생들을 상대로 외교적인 문제를 언급했다고 해서 한 나라의 정책이 흔들리거나 하지는 않습니다. 그렇기에 강연자는 상대적으로 형식에 덜 얽매일 수 있습니다. 메시지를 더 부드럽고 다양한 방식으로 전달할 수 있지요. 때로는 청중들에게 질문을 던지고 그들의 반응을 중심으로 강연을 끌어 나갈 수도 있습니다.

때에 따라서는 본 강연보다 강연 후 진행되는 청중과의 질의응답 과정을 더 효과적인 메시지 전달 과정으로 쓸 수 있습니다. 문답 형식은 쌍방향 소통이기에 청중의 집중도를 높이고 설득의 가능성을 높일 수 있기 때문입니다.

효율성만 놓고 보면 일대일 대화가 가장 좋습니다. 몇 사람이 함께하는 토론도 강연보다 낫고요. 그럼에도 강연을 하는 것은 여러가지로 상황이 여의치 않아서일 때가 많습니다. 그렇다고 해서 강연이 항상 차선책이라는 뜻은 아닙니다. 강연이라는 형식이 가지는 강점이 있기 때문입니다. 사회관계망 서비스(SNS) 같은 쌍방향 의사소통이 일상화된 지금에도 일방향 형식의 강연이 갖는 효과가 있습니다.

강연자에게는 일종의 권위가 주어집니다. 같은 말이라도 SNS로 친구들끼리 나누는 것과 강의실에서 전문가로부터 듣는 것은 다릅니다. 은연중에 강연자의 말은 신뢰할 수 있다고 생각하기 때문입니다. 물론 그만큼 강연자가 준비를 철저하게 해서 그러한 신뢰를 뒷받침할 수 있어야 하겠지요.

강연에는 연설에서 찾아볼 수 없는 '즉흥성'이 있습니다. 미리 원고를 작성하기는 합니다만, 현장에서 청중의 반응에 좀 더 많이 좌우되지요. 준비한 원고는 참고 자료나 소도구로 활용되는 측면이 큽니다.

강연에서는 자연스러운 흐름이 더 중요합니다. 준비한 원고에 지나치게 의존하다 보면 딱딱하고 재미없는 강연이 되기 십상이지요. 청중들은 차라리 강연록을 이메일로 받아 보는 편이 낫다고 생각할 수 있습니다. 그 자리에 앉아 있을 필요성을 못 느끼는 것이지요. 강연자들은 현장의 분위기에 집중해야 합니다. 원고는 강연의 흐름을 알리는 정도의 역할로 충분합니다.

　말하는 이가 청중 앞에 노출되어 있다는 특성상 강연에서는 몸동작도 중요합니다. 연설은 보통 연단에 설치된 연설대 뒤에서 마이크에 대고 말합니다. 몸이 연설대에 가려진 상태고 손도 자연스레 올려놓거나 연설대를 잡는 방식입니다. 그러나 강연에서는 이런 게 있을 수도, 없을 수도 있습니다. 청중 앞에 전신을 노출하거나 연단 위를 돌아다닐 수도 있지요. 청중들은 강연자의 동작 하나하나에 주목하게 됩니다.

　이 경우 가장 어려운 것이 손 처리입니다. 전문적인 강연자들은 자연스럽게 손동작을 취하지만 처음 강연하는 사람들은 손을 어디에 두어야 할지 몰라 당황하는 경우가 많습니다. 그래서 간혹 머리를 긁거나 주머니에 찔러 넣는 식의 장면이 연출되기도 하지요. 보는 사람 입장에서는 바람직한 모습이 아닙니다. 이때 손에 쥘 수 있는 몇 장의 강연문은 좋은 소도구가 됩니다. 어색함을 없애 주고 편안하게 강의에 집중할 수 있도록 도와주지요.

　청중들은 귀로는 강연자의 말을 듣지만 눈으로는 강연자의 동작 하나하나를 봅니다. 강연자로서는 행동으로도 메시지를 전달하게 되는 셈이지요. 준비한 원고에 얽매이지 않고 그때그때 상황을 활용하며 유연하게 진행하되, 확신에 찬 어조와 몸짓으로 준비한 메시지를 전달하는 것, 이런 것들이 좋은 강연의 조건입니다.

말하기

토론

토론의 목적

질 문 토론은 왜 하나요?

고성국 생각이 다 다르기 때문입니다. 인간은 복잡한 존재예요. 인간
이라는 종(種)을 두고 보았을 때도 그렇지만 개개인으로 봐
도 다양한 속성이 있지요. 생각도 다르고, 느낌도 각자 다릅
니다. 교탁 위에 사과가 있다고 합시다. 어떤 학생은 맛있겠
다고 하고 어떤 학생은 뉴턴을 떠올립니다. 어떤 학생은 과수
원에 갔던 기억이 날 거고 어떤 학생은 전화기가 갖고 싶다
는 생각을 할 수도 있어요. 이건 전혀 이상한 일이 아닙니다.
아주 자연스러운 현상이지요. 저마다 생각이 다르다는 것, 이
것은 인간이라는 존재의 특성입니다. 다양성이야말로 인간의
본질이에요.

그래서 인간은 발전할 수가 있습니다. 만약에 인간이 다 똑같다면 모두 같은 생각을 하고 모두 같은 일을 할 겁니다. 특별히 관심이 가는 분야도 없고 각자의 유별난 재능 같은 것도 없겠지요. 신이 인간을 그런 식으로 창조했다면 인간은 여전히 원시 시대에 머물고 있을 겁니다. 다양성은 인류 발전의 원동력이에요. 그렇다고 인간이 다 다르기만 하느냐, 그렇지는 않습니다. 인간은 사회적 동물로서 상호 협력합니다.

백이면 백 모두 다른 사람들이 함께 모여 길을 찾는데 각자 가고 싶은 방향이 다르면 어떻게 될까요? 뿔뿔이 흩어질 수밖에 없지요. 공동생활이라는 게 아예 불가능해집니다. 가족은 물론 마을, 회사도 그렇고 지금처럼 국가를 이루며 살지도 못할 거예요. 그러나 인간은 서로 의견을 조율하고 합의를 도출할 줄 압니다. 그래서 서로 생각이 다른 사람들끼리 모여서 공동체를 이룰 수 있었어요. 인간은 오래전부터 공동체의 나갈 방향에 대해서 의견을 모았습니다. 이것은 예나 지금이나 변하지 않는 사실입니다. 이때 서로 다른 의견을 어떤 식으로 조정하느냐? 방법은 여러 가지겠지만 일반적으로 '다수결'에 따릅니다.

물론 딱 하나의 의견으로 통일되면 가장 바람직하겠지만, 그건 아주 특별한 경우예요. 대부분의 경우에는 더 많은 사람들이 지지하는 의견을 따르지요. 소수는 거기에 승복합니다. 때로는 소수의 의견을 존중하기 위해 만장일치제를 택하는 경우도 있습니다. 방법은 다르지만, 어떻게든 가장 좋은 대안을 모색하려 노력한다는 측면에서는 같습니다. 그렇다면 각자의 의견은 어떻게 표현할까요? 바로 '말'입니다.

말을 안 하면 그 사람의 생각을 알 길이 없습니다. 친한 사이라면 눈빛만 봐도 알 수 있다고 말하겠지만, 이 역시 일종의 의사소통입니다. 아마 눈빛 이전에 두 사람은 무수히 많은 대화를 나누었을 거예요. 기본적으로 인간 사이의 소통에는 '말'이 필요합니다. 머릿속에 있는 생각을 타인에게 전달하는 것, 즉 말이 가장 손쉽고 널리 쓰이는 방법이에요.

토론은 생각이 다르다는 것, 각자의 생각이 전적으로 옳지는 않다는 것을 전제로 합니다. 그렇지 않다면 토론할 필요가 없지요.

질 문 말이 안 통하는 사람들도 있지 않나요?

고성국 물론입니다. 말보다 힘을 믿는 사람들이 있지요. 실제로 과거에는 주먹이 '말'을 대신했습니다. 원시 시대에는 좋은 무기를 가진 종족이 그렇지 않은 종족을 지배했지요. 근대에도 소통 대신 총과 칼이 인류의 방향을 정했습니다. 그러나 인간의 이성이 발달하고 역사가 발전할수록 무력 대신 설득과 타협이 그 자리를 차지하게 됩니다. 이것만은 부정할 수 없는 진실이에요. 요즘 시대에 힘으로 자기 의견을 관철시키려고 했다가는 독재자나 상종 못 할 사람으로 외면당하기 십상이에요. 오늘날 민주주의 국가는 대부분의 주요 정책을 토론을 통해 결정합니다. 그만큼 사회 운영의 원리로서 토론이 중요해졌다는 얘기예요. 전 세계의 민주주의 국가에는 의회라는 것이 있습니다. 가장 토론이 활발하게 일어나는 곳이지요. 서로 다른 생각을 가진 정당이 협의를 통해 국가 운영의 토대인 법을 만듭니다. 이걸 무시하고 자기 멋대로 법을 정하는 나라는 몇몇 왕조국가와 독재국가를 제외하곤 없습니다. 그럼에도 현실에서는 여전히 '말'로 상대하기 힘든 사람들이 많습니다. 그래서 토론은 인내심을 필요로 합니다.

여러 사람이 함께 토론하다 보면 한계에 부딪힐 때가 있어요. 동시에 여럿이 자기 생각을 떠들다 보면 진행이 불가능해지기도 하지요. 그래서 토론에는 방법과 원칙이 필요합니다. 순서를 정하고 발언 시간을 정하지요. 예컨대 한 사람씩 돌아가면서 이야기하되 한 번으로 끝내지 말고 조금씩 나눠서 한다든가, 주장과 반론을 적절하게 섞는다든가, 제삼자의 의견을 듣는다든가 할 수 있습니다. 상대의 말을 잘 듣고 공통점이 있으면 하나씩 짚고 나가는 것이 필요해요. 그래야 서로의 차이를 넘어서 함께 갈 길을 모색하는 토론이 될 수 있습니다. 차이만 확인하고 돌아서는 토론은 할 필요가 없는 거예요.

토론은 공동체 생활에서 꼭 필요합니다. 토론이 민주적으로 잘 진행이 되면 민주적 공동체가 되는 거고, 토론이 형식적으로만 이루어지고 실제론 힘센 사람이 주도권을 행사하는 경우는 독재나 다름없습니다. 내용과 형식에서 민주적인 토론이 정착되어야 해요.

대화의
정석

질 문 말이 인간의 주요 의사소통 수단이다 보니 우리는 평소에도 많은 말을 합니다. 대화와 회의, 토론 등이 일상적으로 이루어지지요. 그러다 보니 이들 간의 차이를 잘 모르는 것 같아요.

고성국 일상에서는 굳이 몰라도 돼요. 친구들끼리 토론 못 한다고 불편해하진 않잖아요. 다만, 자기가 속한 집단에서 회의나 토론 같은 걸로 개인의 능력을 평가받을 수도 있기 때문에 최소한의 지식은 갖추고 있는 게 좋습니다.

먼저, 대화에 대해 말씀드리겠습니다. 대화는 어떤 결론을 목적으로 하지 않습니다. 물론 대화 상대는 어떤 의도가 있을 수 있어요. 내가 친구나 가족 중 누군가를 어떤 방향으로 움직이고 싶다고 생각해서 접근할 수 있지요. 그렇다고 오늘이 문제에 대해서 결론을 내자고 다가서면 대화는 깨지기 십 상입니다. 상대가 나를 조종하려고 하는데 기꺼이 그 대화를 끌고 갈 사람이 몇 명이나 될까요? 대화는 그렇게 하는 것이 아닙니다. 대화는 목적 없이, 어떤 특정한 규칙 없이 하는 겁니다. 나 다음은 너, 너 다음은 나, 이러면서 대화하지는 않잖아요. 대화는 그 자체로 물처럼 자연스레 흘러가야 합니다. 그런 면에서 대화는 내밀하면서도 가장 편한 상태의 말하기입니다.

대화는 기본적으로 사적인 소통입니다. 일상에서 부부나 가족, 친구들이 나누는 것이 바로 대화이지요. 이러한 대화의 핵심은 논리가 아니라 감성입니다. 아까 대화에 목적을 앞세우면 실패한다고 말씀드렸지요? 바로 대화의 이러한 속성 때문입니다. 누가 옳으냐 그르냐를 따지려면 토론을 해야지요. 대화는 그렇게 해선 안 됩니다. 대화는 감성적인 교감입니다. 대화를 잘하는 사람들은 마음을 열고 솔직하게 상대의 이야기를 듣는 사람입니다. 논리적으로 상대의 허점을 지적하거나 재단하지 않는 사람이 좋은 대화 상대예요. 물론 이러한 '감성적 교감'은 대화뿐만이 아니라 토론에서도 중요합니다. 인간은 이성적이자 감성적인 존재니까요.

토론이 상대적으로 이성을 강조하기 때문에 머리만으로 하는 토론도 훌륭한 토론이 될 수 있습니다. 그러나 머리만으로 하는 대화는 훌륭한 대화가 될 수 없어요. 그런 차이가 있습니다. 공감대가 형성되지 않는 무미건조한 논리의 나열은 빵점짜리 대화예요. 우리가 대화를 할 때 중요한 것은 상대방의 마음입니다. 그때 내가 어떤 일을 당했는지, 그때 마음이 어땠는지, 이해받고 싶어서 하는 것이 대화입니다. 논리적이지 않아도 상관이 없어요. 시간 순서에 따라 질서 정연하게 과거를 서술해야 하는 것도 아니고, 원인과 이유를 정확하게 집어내야 할 필요도 없습니다. "그래서 오늘 좀 슬펐겠구나." 이러면 되는 거예요. 상대가 그냥 고개를 끄덕이거나 침묵해도 좋은 대화가 됩니다. 이것이 대화의 특징이자 토론과의 가장 큰 차이점이에요.

토론은 목적이 있습니다. 대화처럼 속상해서, 혹은 심심해서 하지는 않아요. 토론의 목적은 두 단계로 나눠서 볼 수 있습니다. 우선 우리가 서로 얼마나 다른가를 확인하는 토론이 있습니다. 그다음 단계는 합의를 이끌어 내는 토론입니다. 토론이라는 게 결국 나하고 상대방의 생각을 바꾸기 위한 거예요. 그러려면 논리가 있어야 하고 상대의 마음을 움직이는 진정성이 있어야 해요. 훌륭한 토론, 좋은 토론은 열린 마음과 명석한 논리가 함께 가야 합니다. 이 두 가지가 결합되었을 때 토론을 통해 차이를 넘어 대안을 찾을 수 있습니다.

회의도 토론의 한 형식에 속합니다. 그러면서도 가장 목적의식이 강하지요. 회의는 반드시 무언가를 결정해야 합니다. 결론 없는 회의는 회의를 하지 않은 것과 같아요. 또한 회의는 참여자의 자격이 정해져 있습니다. 특정 부서나 특정 집단에 소속된 사람들이 모여서 하는 경우가 많습니다. 가장 폐쇄적인 형식의 토론이라고 생각하시면 돼요.

대화는 누구나 다 하는 것입니다. 쟤는 어려서 안 되고 쟤는 여자라 안 되고, 이런 게 없습니다. 토론도 누구나 할 수 있는 자격이 있습니다. 길거리에서 카페에서 정치적 사안을 두고 토론하는 사람들이 얼마나 많습니까? 그러나 회의는 조금 다르죠. 회사의 임원 회의라면 반드시 그 회사의 임원이 참석해야 하고 국회 상임위원회 회의라면 반드시 소속 위원이어야 합니다. 학급 회의에 다른 반 학생이 참여하지 않듯이 말이에요.

회의의 규칙도 까다로운 편입니다. 예컨대 국회 상임위원회 국정감사 회의에서는 참석자마다 돌아가면서 7분씩만 발언하게 되어 있어요. 시간을 초과하면 마이크가 꺼집니다. 그리고 발언할 때는 미리 신청해야 해요. 회의에서 여당과 야당 의원의 비율은 어떻게 한다는 식으로 모든 것이 규정되어 있어요. 또한 위원장이 회의에 영향력을 미칩니다. 상임위원장은 일반 위원들에 비해 권한이 더 크죠. 회사에서 회의할 때도 마찬가지입니다. 특정 주제를 두고 참석자끼리 회의를 해도 이를 주관하는 사람의 발언권이 크게 마련입니다. 사장이 결론을 내면 보통 그렇게 되는 거예요. 그런 의미에서 비민주적인 측면이 있습니다. 사정이 이렇다 보니 회의에서 창조적인 결론이 나오기가 상당히 어렵습니다. 회의가 형식적으로는 의견을 모으는 방식이지만 사실상 위에서 결정한 것을 전달하는 역할을 하는 것도 이런 이유 때문입니다. 상명하달의 조직 문화가 강할수록 더욱 그렇지요. 그렇게 되면 회의는 무미건조해지고 형식적인 기구로 남습니다. 그러면 그 조직은 활력을 잃게 되죠.

혁신을 중요시하는 기업에서는 회의 문화를 바꿉니다. 구성원들의 상상력이 마음껏 분출되도록 말이지요. 그래서 요즘은 상명하달이 아닌 평등하고 민주적인 의사소통의 중요성이 강조되고 있습니다. 창의성과 민주적인 토론의 가치를 이해하고 이를 조직 운영에 적극적으로 활용하는 리더십이 필요한 시대인 것입니다.

학교에서의 회의

질 문 학교에서 하는 회의를 좀 더 창의적이고 재미있게 하려면 어
떻게 해야 할까요?

고성국 학급 회의에서 결정해야 할 일은 구체적인 것들입니다. 예컨
대 소풍을 어디로 갈까? 학급 티를 맞추고 싶은데 어떤 디자
인이 좋을까? 하는 것들이 있겠지요. 회의를 하려면 몇 가지
절차가 필요한데요. 우선 회의 주제를 구성원들에게 미리 알
립니다. 충분히 생각할 시간을 주는 것이지요. 그다음엔 사회
자와 회의 내용을 기록할 서기를 뽑아야겠죠. 그런 다음 회의
를 통해 주제에 대한 토론를 합니다. 학급 회의 형식에 맞게
누군가 제안을 하고 동의와 제청을 받아서 찬반 의견을 묻지
요. 충분히 의견을 나누었다면 어떤 결론이 내려지겠지요. 의

견이 팽팽하게 맞선다면 표결에 부칠 수도 있습니다. 이것이 보통 학급 회의의 형식이라 할 수 있겠는데요. 저는 여기에 구애되지 않고 좀 더 자유롭고 열린 형식의 토론을 권하고 싶습니다. 반드시 결론을 내려야 할 사안이라면 어쩔 수 없겠지만, 구성원들의 의견을 듣는 것 자체로 의미가 있을 수도 있거든요. 예컨대 교내에서 도난 사건이 있으면 어떻게 할 것인지? 스마트폰 사용을 조절할 수 있는 다른 대인들이 있는지? 이런 것들은 아이디어가 많으면 많을수록 좋습니다. 학교생활에 더 밀접하기도 하고요. 이런 주제들을 분임 토의라든가, 아이디어 회의라든가 하는 방식으로 여는 겁니다.

질 문 꼭 어떤 결론을 내리지 않아도 되나요?

고성국 문제의식만 공유해도 성공이지요. 사실 학급 회의를 통해 해결할 수 있는 문제는 그렇게 많지 않습니다. 학생 신분이기도 할뿐더러 우리가 겪는 문제들은 사회의 각 영역과 밀접한 관계가 있기 때문이지요. 그러니까 결론을 못 내려도 서로 생각을 나누는 것만으로도 큰 의미가 있습니다. '나하고 다른 생각을 하는 사람도 있구나, 이건 이렇게 생각해 볼 수가 있네?' 하는 식으로 생각의 폭을 넓힐 기회가 됩니다. 우리가 회의를 하는 또 다른 이유이지요.

질 문 주제가 정해져 있다면 어떤 식으로 해야 할까요? 개인들이 준비해야 할 것이라든지 회의에 임하는 태도가 있을 텐데요.

고성국 주제가 정해져 있다면 당연히 주어진 시간 안에 찬반 표결에 부쳐서라도 결론을 내야 합니다. 그러려면 내가 어떤 생각인지 우선 입장을 정리해야겠지요. 이 말도 맞는 것 같고 저 말도 맞는 것 같고 혼란스러울 때는 판단 기준을 정해야 합니다. 그런데 여기서 주의할 점은 우리가 '결론'에 대한 부담 때문에 자신의 생각을 다듬고 정리하는 일, 상대 의견을 충분히 고려하는 과정을 건너뛰어서는 안 된다는 것입니다. 빨리빨리 결정하려다 보면 선입견이나 왜곡된 정보에 의해 판단을 내릴 수 있기 때문입니다. 지금 당장 결론을 내야 하기 때문에 귀찮아서 간단하게 매듭짓고 가기도 합니다. 토론 문화가 제대로 정착되지 않아서 그렇습니다. 제한된 시간이지만 충분한 토론을 통해 서로간에 의견 접근을 이루는 것이 중요합니다.

우스갯말이 하나 있습니다. 사람들이 모여서 오랫동안 논쟁을 했습니다. 결론이 나질 않아요. 갑론을박하는 사이에 하루가 가고 이틀이 가고 시간이 계속해서 흘러갑니다. 어떤 날은 어떤 주장이 우세했다가 다음 날엔 또 새로운 증거가 나와서 새로운 논쟁이 이어집니다. 자, 이렇게 해서 계속 논쟁이 이어졌는데 결국 누가 이겼느냐. 과학자? 철학가? 아닙니다. 바로 '오래 산 사람'이에요. (웃음) 끝까지 남아 있는 사람이 이긴 거예요. 그만큼 토론이라는 게 시간을 두고 이어지기 마련이라는 점을 강조한 얘기겠지요.

그리고 우리가 회의를 할 때 억지로 하나의 틀에 맞춰 결론을 내려고 해서는 안 됩니다. 공통점을 찾으면 다행이지만 차이가 있다고 해서 이걸 배제하려고 해선 안 돼요. 차이를 확인하는 것도 회의의 과정입니다. 자, 오늘은 여기까지 합의를 보았으니 이쯤에서 토론을 마치자, 그리고 다음에 또 만나는 겁니다. 그 사이 고민과 경험들이 또 쌓이거든요. 그러면 좀 더 진전된 토론이 가능하지요. 토론의 과정에서 서로의 생각이 바뀌는 겁니다. 토론을 하다 보니 내가 고집을 부린 것 같고 틀린 것 같단 말이지요. 때로는 갈수록 내 생각이 정교해지고 그럴듯하게 여겨집니다. 이런 과정을 거치다 보면 어느새 의견 접근이 이루어지는 거예요.

토론의 달인, 세종대왕

질 문   너무 이상적인 것 같아요. 현실에서도 가능할까요?

고성국   가능합니다. 우리 역사에서 가장 잘 알려진 사례가 바로 세종
대왕의 공론정치입니다. 훈민정음의 창제·반포 과정이 이를
생생하게 보여 주지요. 새로운 문자를 만들었는데 이걸 바로
백성들에게 알리지 못합니다. 양반들의 반대가 있었기 때문
이에요. 당시 한문을 숭배하던 사람들에게 아무나 쉽게 배울
수 있는 훈민정음은 '상것'들이나 쓰는 글이자 자신들의 기득
권을 위협하는 존재였으니까요. 이 때문에 반포까지 무려 3년
이란 세월이 걸립니다. 그동안 세종은 반대 의견을 귀담아듣
습니다. 최만리 같은 사람은 끝까지 반대했지만 그러는 사이
반대 세력의 경계심이 풀어집니다. 만약 한글을 창제와 동시

에 반대 의견을 무시하고 일방적으로 반포했다면 아무리 왕이라 해도 반대 여론 때문에 한글을 접을 수도 있었을 거예요. 당시 조선은 그런 사회였습니다.

질 문 앞서 세종대왕이 신하들과 토론하는 경연을 즐겼다고 하셨는데요, 좀 더 구체적으로 말씀해주실 수 있을까요?

고성국 저는 개인적으로 경연을 매우 훌륭한 제도라고 생각합니다. 왕이 신하 중에서 제일 학문이 높은 사람과 함께 토론하는 것이에요. 당시 조선이 유교 국가였기에 주로 유교 사상을 두고 의견을 나누었지요. 유교라는 것이 기본적으로 주(周)나라를 이상 국가로 여겼던 공자의 가르침을 해석한 학문입니다. 주나라는 이렇게 했는데 우리는 지금 왜 이렇게 할까? 이런 식으로 토론이 이어집니다. 이 경연은 유교라는 학문이 가지는 속성상 학문적 토론인 동시에 일종의 정치 토론으로서 현실의 문제점들을 고쳐 나가려는 과정이었습니다. 만약 경연에 참석하는 사람이 개혁적이라면 고전을 인용하면서 현실을 바꿔 나가려고 했을 거고 기득권 보수 세력이었다면 그 반대였을 테지요. 그렇다면 토론의 주재자이자 한 나라의 왕이었던 세종은 어땠을까요?

세종은 그 어떤 신하보다도 학문이 높았기 때문에 어떤 토론에서도 밀리지 않았습니다. 왕이라 해도 때로 학문의 깊이

가 달리면 신하에게 가르침을 받기도 하는데 세종은 그럴 신하가 없었어요. 다른 조선의 왕들은 사정이 달랐습니다. 대개 나이가 어리고 경연에 참석하는 신하들이 당대 최고의 지성인이었기에 일방적일 때가 많았습니다.

신하들이 왕한테 한 수 배웠던 경우가 조선 역사상 딱 두 번입니다. 바로 세종과 정조예요. 이분들은 워낙 학문이 깊어서 오히려 신하들이 열심히 공부해야 했습니다. 안 그러면 토론에서 밀리는 거예요. 열심히 토론하다가 말문이 막히면 왕이 어떻게 생각하겠어요. 경연이라고 하는 게 원래는 임금이 선정을 베풀도록 신하들이 임금의 나태함을 경계하고자 한 것인데 이 경우는 그 반대가 되는 것입니다. (웃음)

개혁적인 군주였던 정조는 신하들이 매우 곤혹스러워할 정도로 학문이 뛰어났습니다. 논쟁이 붙을 때마다 보수적인 신하들이 번번이 밀리곤 했지요. 그나마 유일하게 정조와 맞대응할 수 있었던 학자가 정약용이었습니다. 그는 젊은 나이지만 정조 임금으로부터 특별히 신임을 받아 중요한 나랏일을 맡아서 하게 되지요. 그래서 다른 신하들의 미움을 받습니다. 정조가 죽자마자 정약용이 귀양을 가게 되는 이유 중 하나였습니다.

경연은 왕과 신하가 정치와 학문을 두고 의견을 나누는 것이지만 꼭 어떤 결론을 내야 하는 것은 아니었습니다. 국가정책을 결정하는 자리는 따로 있었어요. 다른 회의에서 결론을 내고 경연은 이런저런 의견을 제시하고 아이디어를 나누는 자리였습니다. 이처럼 조선의 경연 제도는 토론의 힘이 얼마나 큰지 잘 보여줍니다.

질 문 학교에서는 토론도 학습이다 보니 대회 같은 걸 열어서 경쟁을 시키는 경우가 있습니다. 어떻게든 이기면 된다고 생각하기 십상인데요. 상대를 제압하거나 내 주장을 관철시키기 위한 수단이 아닌 진정한 의미에서의 토론이 가능해지려면 어떻게 해야 할까요?

고성국 이기는 게 토론의 목적이 되어서는 안 됩니다. 설령 억지로 내 주장이 관철되었다고 한들 누구도 왜 그렇게 해야 하는지 공감하지 않는다면 무슨 의미가 있겠어요. 토론이 '스펙 쌓기'의 일환이 되어서는 더더욱 안 될 일이고요. 그렇게 해서 얻은 경험은 현실에서 갈등이 생겼을 때 이를 조정하고 대안을 찾는 데 아무런 도움이 되지 않아요. 토론은 그 자체가 목적입니다. 예를 들어 보지요.

저희 어머니가 몸에 여기저기 아프신 데가 많아요. 병원에 가서 의사 선생님에게 이런저런 얘기를 합니다. 오늘은 여기가 쑤시고 어제는 저기가 아팠다고 하면서 설명해요. 그리고 나오면서 하시는 말씀이 이제 좀 나은 거 같다고 해요. 의사가 뭘 해주지도 않았는데 말이지요. 말만으로도 반은 나은 것

같다고 하십니다. 의사는 계속해서 "아, 그러시군요." "저런 저런" 하고 호응만 해주면 돼요. (웃음) 맥락이 좀 다르긴 합니다만 "말 한마디에 천 냥 빚을 갚는다"고 하잖아요. 잘 들어주는 것만으로도 그 사람의 고통을 덜어 줄 수 있다는 이야기입니다. 실제로 의학적으로도 '플라세보 효과'라는 게 있어서, 특별히 약을 먹지 않아도 먹었거니 하면서 심리적으로 위안을 받아 병이 낫기도 하는 게 인간의 본성이라고 합니다.

토론이라는 것도 이와 같아서 이야기를 잘 듣고 호응을 해주는 것만으로도 큰 효과를 볼 수 있습니다. 꼭 내가 말을 많이 해야 좋은 토론이 되는 것은 아니라는 거예요. 오히려 말을 적게 할수록 자신의 의견이 관철될 확률이 높습니다. 많이 들어야 그 사람을 내 쪽으로 끌어들일 수 있습니다. 토론 대회에 나가서 좋은 점수를 얻는 것과는 차원이 다른 얘기지요. 내가 얼마나 말을 잘했는지, 주어진 시간에 얼마나 정확하게 내 의견을 전달했는지는 점수를 낼 때는 중요할지 모릅니다만, 실제 토론에서는 중요하지 않습니다.

토론과 민주주의

질 문 토론과 민주주의에 대해 좀 더 자세히 알려 주세요.

고성국 인간은 사회적 동물입니다. 그리고 모든 사회에는 권력관계
가 있어요. 인간은 최소한 두 명 이상의 관계 속에서 태어납
니다. 부모 없이 태어난 생명은 없으니까요. 그리고 이 관계
라는 것에는 본질적으로 권력이 작동합니다. 우리는 이걸 '정
치'라고 표현하지요. 부모 자식 간에 무슨 권력이고 정치냐?
하고 묻는 분이 있을지 모릅니다만, 따져 보면 쉽게 이해가
가실 겁니다.

권력이라는 게 뭘까요? 권력은 '상대를 내 뜻대로 움직이게
만드는 힘'입니다. 폭력으로 권력을 행사하는 독재자들을 보
면 잘 알 수 있지요? 모두 그가 시키는 대로 합니다. 오늘날

민주주의 국가에서는 어떻습니까? '선출된 권력'이 '권력'을 행사합니다. 어떤 국민이든 의회가 만든 법을 어기면 불이익을 받는 이유예요. 이처럼 권력은 우리 사회를 유지하는 힘의 관계입니다. 정치의 영역이 아닌 일상으로 돌아와서 생각해 볼까요? 오늘 어머니가 저녁상에 잡곡밥을 내주셨습니다. 나는 흰쌀밥을 먹고 싶어요. 어머니에게 내일은 흰쌀밥을 해달라고 합니다. 그러자 어머니께서 건강에 좋으니 그냥 먹으라고 합니다. 싫다고 했더니 그럼 굶으라고 해요. 나는 어머니의 뜻에 따를 수밖에 없습니다. (웃음)

학교에서도 권력은 존재합니다. 선생님과 학생 간, 선생님과 교장 선생님 간에도 있고 학생들 사이에서도 있지요. 다만 그 표현 방식이 다를 뿐이에요.

이를테면 폭력과 설득이 있습니다. 독재자는 폭력으로 다른 사람을 통제합니다. 말을 안 듣는다고 때리는 사람이 있다면 그것도 폭력을 통한 권력 행사예요. 설득은 다른 방식입니다. 앞서 잡곡밥을 해주신 어머니가 오늘 밥 많이 먹으면 내일 외식시켜 준다고 합니다. 그러면 나는 오늘 잡곡밥을 많이 먹어요. (웃음) 이 경우는 폭력이 아닌 설득에 해당합니다. 나의 뜻대로 상대를 움직인다는 측면에서는 같지요. 그것이 바로 권력의 본질입니다.

오늘날 민주주의 국가에서는 설득이 중요합니다. 더 이상 폭력적 방법으로는 상대를 움직일 수 없기 때문이에요. 그런데 설득이란 결국 말로 귀결됩니다. 민주주의 국가였던 고대 그리스에서 수사학이 발전했던 이유입니다. 웅변술이라고도 불리는 '수사학'은 말을 잘하는 법, 혹은 이를 연구하는 학문입니다. 어떻게 하면 설득력 있게 말할 것인가? 하는 문제가 중요했던 거지요. 특히 열린 공간인 토론에서 수사학이 미치는 영향력은 사적인 대화나 회의에서보다 큽니다. 누구나 같은 조건과 자격으로 참여하는 토론에서는 설득력 있게 말을 잘하는 사람이 다수 대중을 움직일 수 있습니다.

고대 그리스의 토론장인 아고라(agora)에서는 누구나 똑같은 발언권을 가졌습니다. 나 누구누구인데, 하는 식의 위세가 통하지 않았어요. 오로지 대중들의 눈길은 그의 '입'을 향했습니다. 그리스의 이런 전통은 오늘날의 민주주의 국가에서도 이어집니다. 옛날에 어른들이 말 잘하면 국회로 보내라는 말을 하시곤 했는데요. 국회라는 데가 1년 365일 토론을 행하는 곳이잖아요. 국민을 대표해서 토론을 통해 중요한 결정을 하는 곳이니 원론적으로 맞는 얘기입니다.

상대를
설득하는 법

질 문 민주주의 사회에서는 설득이 중요하다. 그런 의미에서 토론
       이야말로 중요한 수단이라고 하셨는데요. 토론에서 상대를
       잘 설득하려면 어떻게 해야 할까요?

고성국 같은 얘기를 해도 강요하면 역효과가 나잖아요. 당신이 틀렸
       다고 말하는 순간 반발심이 생깁니다. 그게 인지상정이에요.
       겉으로는 승복하는 척해도 속으로는 절대 받아들이지 않아
       요. 그러면서 트집을 잡습니다. 별로 중요하지도 않은 걸로 붙
       잡고 늘어져요. 토론 진행이 잘 안 됩니다. 한번 트집 잡겠다
       고 덤비는 사람을 설득하는 건 매우 어려워요. 그래서 감정적
       으로 반발을 일으키는 방식, 예컨대 강요하거나 비웃거나, 상
       대를 단정 짓거나 하는 건 좋은 토론 방법이 아니에요.

그런데 현실에서는 이런 일이 자주 일어나지요. 예를 들면 방송에서는 일부러 시청률을 높이려고 공격적인 토론자를 찾기도 합니다. 그들은 "틀렸어요." "그건 아니죠." "잘못됐습니다." 이렇게 시작합니다. 상대의 말을 옳지 않은 것으로 규정한 다음 자기 얘기를 하는 거예요. 그런데 생각을 해봅시다. 상대가 틀렸는데 굳이 토론을 할 이유가 있을까요? 이렇게 되면 끝까지 평행선을 달리기 마련입니다. 다만, 열띤 논쟁에 여차하면 인신공격까지 나오니까 구경하는 사람들은 흥미롭겠지요. 이런 토론은 서로의 의견이 다르다는 걸 보여줄 뿐이에요.

그럼에도 방송 토론을 이처럼 일부러 싸우는 방식으로 진행시키는 경우가 있어요. 그래야 시청률을 올릴 수 있다고 생각하기 때문입니다. 토론 문화를 정착시킨다는 취지와 달리 실제로 방송이 토론의 정신을 해치는 거예요. 특히 정치 토론의 경우는 처음부터 여와 야로 갈라져 싸우다가 끝나요. 한 번도 상대를 인정하는 발언을 하지 않습니다. 나만 옳고 나와 반대되는 의견은 전부 틀립니다. 이런 방송을 보면서 사람들이 무슨 생각을 하겠어요. 아, 토론은 저렇게 싸우는 거로구나. 나도 토론장에 가면 저렇게 죽기 살기로 싸워야지. 이렇게 학습되는 거예요.

역설적이기는 하지만, 내가 상대와 의견을 나누다가 현장에서 그 논리에 승복하게 되는 그런 토론이야말로 성공적인 토론이에요. 물론 아직 그런 경우를 방송 토론에서 본 적은 없습니다만. (웃음) 그만큼 저는 개방적이고 유연한 사람일수록 토론을 잘한다고 생각합니다. 지금 이 문제에서는 승복했다고 해도 다른 문제에서는 상대를 설득할 수도 있으니까요. 상대의 의견을 잘 받아들이는 사람일수록 상대를 잘 설득할 수 있지 않을까요? 승복한다는 것은 지는 게 아닙니다. 오히려 자신의 오류를 과감하게 인정하는 것이야말로 진정한 용기입니다. 나의 불완전성을 인정하는 것은 부끄러운 일이 아닙니다. 반복해서 말씀드리지만, 나의 불완전성과 상대의 불완전성을 이해하고 서로를 인정하는 것, 그러면서 차이를 좁혀 가는 것, 공감을 형성하는 것이 진짜 토론입니다.

토론에서는 상대와의 공통점을 강조하는 것이 중요합니다. 성급하게 차이를 부각시키면 토론이 잘 안 돼요. 상대의 이야기를 잘 들어주면서 자신의 의견과 같은 점이 있으면 그때그때 환기시키는 겁니다. 그러면 상대도 경계심을 늦추게 되지요. 토론 상대자에 대한 배려이기도 합니다. 물론 현실에서는 이게 무척 어려워요. 나만 잘한다고 되는 일도 아닙니다. 나는 열심히 상대 얘기 들어주고 공통점을 찾으려고 애쓰는데 상대는 계속 내 논리의 허점을 찾아다니면 그만 나도 모르게 평정심을 잃게 되지요. 기분이 나빠집니다. 결국 언성을 높이고 무슨 얘기를 했는지도 모른 채 토론이 흐지부지 끝나기 쉬워요. 불리하다 싶은 쪽에서 일부러 상대를 자극하기도 합니다.

그런 상대를 만났을 때는 인내심을 가지고 내 진심을 청중들이 알 수 있도록 해야 합니다. 상대를 공격하고 싶은 유혹에 빠지지 말아야 해요. 어쩌면 그것이야말로 상대가 원하는 것일 수 있습니다. 사람들이 다 보고 있어요. 청중들은 다 압니다. 아, 저 사람이 상대를 자극하는구나. 말꼬리를 잡는구나. 그럴 때 다른 쪽에서 성숙한 모습을 보인다면 어떻겠어요? 상대를 험담하지 않고 성숙한 모습으로 자기주장을 펼치는 쪽에 더 후한 점수를 주겠지요. 진정성을 가지고 끝까지 인내하면서 토론을 마무리하는 사람이 최후의 승자가 된다는 것은 두말할 필요도 없습니다.

몸짓에도 진심이
묻어나야 한다

질 문 토론에 청중들이 있을 때와 없을 때는 어떤 차이가 있을까요?

고성국 제 경험에 의하면 청중들이 있을 때 토론이 더욱 활기를 띕니다. 사람이 하는 일이다 보니 청중들의 반응이 토론에 영향을 미치는 거예요. 방송 토론의 경우 방청객 없이 패널끼리만 앉아서 하면 다소 무미건조할 때가 있어요. 내가 하는 말에 대한 피드백이 없으니까요. 관객이 바라봐 주고 고개를 끄덕거릴 때, 박수 칠 때 힘이 나는 법이잖아요. 반대로 내가 이야기했는데 반응이 영 신통치 않다, 그것도 의미가 있어요. 도대체 내 논리에 무슨 문제가 있나? 내가 지금 대중의 눈높이와 다르게 이야기하고 있는 건가? 하면서 자기를 돌아볼 수 있으니까요. 청중들의 반응이라는 것이 꼭 대중의 반응과 같지는 않지만 상당 부분 추정 가능하게 해줍니다. 그런 면에서 토론에 많은 도움이 되지요.

질 문 토론을 하다 보면 상대의 의중을 알 수 없을 때가 있습니다. 겉으로만 봐서는 내 이야기에 공감하는 건지 아닌지 모르겠는 거예요. 이럴 때 내 이야기에 공감하는지 혹은 안 하는지 알 방법이 따로 있을까요?

고성국 상대의 눈짓, 몸짓, 손짓 같은 것들이 단서가 됩니다. 우리가 보통 말을 할 때 허공을 보고 하지 않듯이 토론할 때 책상 위 원고만 보지는 않잖아요. 사람 얼굴을 보고 합니다. 그럴 때 그 사람 눈을 보면, 아 이 사람이 지금 내 이야기에 동조하고 있구나, 혹은 그렇지 않구나 하는 걸 금세 알 수 있습니다. 이건 가르쳐 주지 않아도 누구나 아는 거예요. 관객도 마찬가지입니다. 조금 떨어져 있긴 하지만 멀리서 봐도 표정이나 고개의 각도 등을 보면 아, 저 사람은 나의 논리에 호의적이구나 혹은 아니구나 하는 것을 알 수 있습니다. 일례로 어떤 토론자는 제가 말할 때마다 고개를 가로저으면서 입을 여는 분이 있었어요. 무슨 말을 할지 저는 그냥 딱 알겠더라고요. (웃음) 그래도 모를 때는 물어보세요. "내 주장에 동의합니까?" 하고요. 적어도 이 대목에서는 자기 속마음을 얘기하지 않을까요?

질 문 공감의 표현에는 문화적인 차이가 있을 텐데요. 제스처도 그렇지 않을까요?

고성국 문화적인 차이는 있을 수 있지만 호의와 적의는 기본적으로는 누구나 알 수 있다고 생각합니다. 아까 말씀드렸다시피, 제가 입을 떼는 순간 그쪽에서 고개부터 흔들어요. 그러면 그게 공감인지 반감인지 금세 알 수 있습니다. 눈빛도 그렇습니다. 상대의 눈을 보면 내 얘기를 받아들이고 있는지 아닌지 분명하게 알 수 있습니다. 그래서 저는 토론을 할 때 상대의 눈을 똑바로 봅니다. 다만, 그 경우 상대가 저에게서 조금 공격적인 느낌을 받을 수가 있어요. 그래서 눈과 입 사이, 코 밑에 인중 부분을 편안한 눈빛으로 바라봅니다. 내가 당신 말을 잘 듣고 있다는 표현이지요. 그게 말하는 사람에 대한 예의입니다.

청중 없이 진행되는 팽팽한 토론의 경우는 이런 제스처들이 중요한 역할을 합니다. 상대의 말에 집중하지 않고 딴짓을 하면 토론은 금세 맥이 풀립니다. 토론을 할 때 일부러 좋아하는 티를 내라는 것이 아닙니다. 연기를 하는 게 아니라 진지하게 토론에 임해야 한다는 겁니다. 그러면 자연스레 진심 어린 동작이 나오게 됩니다. 서로를 존중할 때 토론 전체가 좋아집니다. 그래서 방송국에서 토론을 진행할 때 토론자들 간에 조화가 맞느냐는 점을 살핍니다. 입장이 다르더라도 참여자들 사이에 신뢰가 형성되어 있으면 성공적인 토론을 할 가능성이 크거든요.

질 문 토론할 때 작은 몸짓을 통해서도 결국은 상대에 대한 자신의 마음을 드러내기 마련이라는 말씀이군요.

고성국 그래서 일부러라도 서로 존중해야 합니다. 가끔 서로 까닭 없이 미워하는 사람이 있어요. 토론하기 전부터 적개심을 이만큼 짊어지고 옵니다. 그러면 토론은 깨지게 마련이에요. 그런 사람이 한 명만 끼어 있어도 전체 분위기가 망가집니다. 그런 점들을 잘 고려해서 토론자를 구성하는 것이 중요합니다.

준비된 자가
성공한다

질 문 박사님은 토론 준비를 어떻게 하시는지요?

고성국 저는 어떤 주제가 잡히면 그와 관련해서 내가 할 말이 있는지
를 먼저 판단해요. 만약 그 주제가 나로서는 별로 할 말이 없
다면 토론에 나가지 않습니다. 반면, 이 문제만큼은 내 생각을
꼭 전하고 싶다는 마음이 생기면, 그런 절실함이 있으면 꼭
토론에 참여하지요. 저만의 원칙이지만 그냥 여기저기서 오
라고 하니까 가서 말하는 것은 올바른 토론자의 자세가 아니
라고 봅니다.

질 문 청소년들은 사정이 다를 수 있을 듯합니다. 내가 원하지 않아

도 꼭 필요한 토론이 있을 수 있으니까요. 그럴 땐 어떻게 하는 게 좋을까요?

고성국 그렇습니다. 저 같은 정치 평론가는 전적으로 내가 판단할 수 있지만 학생은 다를 수 있어요. 과제로 제시될 수도 있고 학교 성적에 반영될 수도 있으니까요. 실제로 울며 겨자 먹기 식으로 토론에 참여하는 학생들도 많을 거예요. 게다가 주제도 학생들이 흥미를 느끼기 어려운 것일 수도 있고요. 경제 문제, 비정규직 문제, 성차별 문제, 이런 것들은 사회적으로 중요한 의제들이지만 학생 입장에서 흥미를 느낄 주제는 아니지요. 그럼에도 학교에서 토론 수업을 하는 것은 그럴 만한 이유가 있습니다. 사회에 진출하기 전에 토론에 대한 충분한 연습이 필요하기 때문이에요.

주제 역시 사회적으로 중요한 것이라야 억지로라도 의견을 내기 쉽습니다. 처음에는 관심이 없더라도 토론 준비를 하다가 새롭게 흥미를 느낄 수도 있어요. 토론 준비를 잘하려면 먼저 주어진 주제에 몰입하는 과정이 필요합니다. 이게 내 문제다, 나에게 중요한 문제다, 라고 자기 암시를 하는 거예요. 평소 하고 싶은 말을 주제와 관련지어 할 수도 있겠고요. 그렇게 주제에 자신을 이입시킨 다음에, 토론 참여자나 청중을 보고 토론 수준을 정합니다. 예컨대 방송 토론이라면 불특정 다수를 대상으로 하기에 단어 하나라도 쉽게 사용해야 합니다. 관훈토론처럼 언론인을 대상으로 한다면 전문성을 부각시키는 것이 좋습니다. 물론 학생이라면 친구들을 대상으로 하기에 그들의 주된 관심사를 사례로 토론하면 더욱 설득력이 있겠지요. 대상과 상황에 따라 어떤 수준으로 내 생각을 전할지를 정하는 거예요.

질 문 청소년들에게 토론의 유익한 점은 무엇일까요? 예컨대 이 점은 반드시 도움이 된다고 말할 수 있는 토론의 장점 같은 것 말이죠.

고성국 일단 해보면 압니다. (웃음) 토론을 한번 해보면 달라져요. 자신의 생각을 떳떳하게 밝히고 상대와 공감하는 일, 절충하고 대안을 모색하는 일은 그 자체로 새로운 경험입니다. 다른 나라에 비해 우리 청소년들은 토론 기회가 적어요. 자기 이야기를 하길 꺼립니다. 친구와 내밀한 대화를 잘하는 친구도 공적인 토론은 어려워합니다. 원래 그런 게 아니라 그런 경험이 없어서 그래요. 토론의 주인공이 된 경험이 거의 없습니다. 학교에서 토론 수업을 하거나 토론 대회에 나가지 않는 이상 경험할 길이 없어요. 그나마도 학교를 졸업하면 그럴 일이 없어요. 군대에서 토론합니까? 회사에서 제대로 된 토론을 하나요? 위계질서가 중요한 조직 문화상 거의 윗사람들 지시하는 거 듣는 게 일일 겁니다.

　토론은 자기 생각을 표현하는 거예요. 이 세상에 내 생각이 필요한 사안들이 얼마나 많습니까? 나의 시선, 나의 눈으로 세상을 보고 해석해서 어떤 가치관을 가지는 것, 그것을 공유하는 일은 개인적으로나 사회적으로 매우 중요합니다. 인간으로서 나라는 존재가 가지는 고귀함이 있습니다. 마찬가지로 내가 보고 듣고 느끼는 소중한 것들이 있어요. 나의 감성, 나의 생각, 이걸 표현하는 것은 인간으로서 자기 존재를 증명받는 것과 같은 일이에요. 그런데 우리나라 사람들은 죽을 때까지 이걸 몇 번 못 해보는 거예요. 나의 존재를 입증하는 것이 얼마나 기쁜 일인지 얼마나 가슴 벅차고 의미 있는 일인지 알지 못해요. 학교나 집에서 토론 못한다고 꾸중 들어 본 일 있나요? 공부 못한다는 소리는 들어도 토론 못한다는 소리는 못 듣는 게 우리의 현실입니다.

여러분이 생각과 느낌을 표현하는 순간 세상이 열립니다. 수많은 예술가들이 음악과 시와 그림에 평생을 매달리는 이유예요. 화가는 어떤 대상을 보고 느낀 자신의 감성을 그림으로 드러내지 못하면 매우 고통스러워합니다. 그만큼 창작의 기쁨이 크다는 얘기예요. 시인은 시를 쓰고 소설가는 소설로 절절하게 자신의 생각과 느낌을 표현합니다. 인간에게는 그런 욕구가 있어요. 거의 본능에 가깝습니다. .

인류는 오래전부터 자신을 표현하면서 살아왔습니다. 선사시대 유물에서도 그 흔적들이 남아 있지요. 허기와 추위에 지친 상황에서도 동굴 벽에 아름답게 그림을 그리는 존재가 바로 인간입니다. 저는 청소년 여러분들께 표현하고 또 표현하라고 말하고 싶습니다. 더불어 토론이야말로 훌륭한 자기표현의 기회라는 점을 다시 한 번 강조하고 싶어요.

토론을 통해 자신은 물론 상대방에 대해서도 새롭게 이해할 수 있어요. 서로 이야기를 나누다 보면 '어라, 쟤가 나랑 똑같은 고민을 하고 있네?' 하면서 공감할 수도 있어요. 단순히 같은 학교 같은 반 친구가 아닌, 보편적인 인간으로서 연대감을 느끼게 되는 거예요. 그러면서 새로운 마음가짐으로 다시 만나게 되는 겁니다. 바로 사회적 연대의 시작이에요. 인간이라고 하는 존재가 다 비슷비슷해서 특정 나이 때 고민하는 범주가 다르지 않거든요. 잘사는 집 아이나 못사는 집 아이 모두 청소년으로서 고민과 처지가 비슷합니다. 이걸 열어 놓고 나누는 순간 나는 표현하는 존재가 되고 너와 내가 '우리'라는 공감대를 형성하게 되는 거예요. 문제의식을 공유하는 건 연대의 출발점입니다. 이러한 경험이 사회적 연대를 다져 나가는 데 기초가 된다고 할 수 있어요. 그러면 인생이 훨씬 더 넓어집니다. 역동적이 되고 활기가 넘치지요. 나라는 틀에서 벗어나 우리, 사회라는 커다란 흐름에 몸을 맡기게 되는 것입니다. 저는 청소년들에게 바로 이 점을 강조하고 싶어요. 그냥 말 잘해서 나중에 취직할 때 보탬이 되라는 차원이 아니라, 토론이, 자기표현이 지금 시기에 얼마나 중요한지를 알려 주고 싶은 거예요. 토론은 우리 삶을 풍부하게 합니다.

질 문 　토론할 기회가 많지 않은 현실에서 대안을 마련할 방법이 있을까요?

고성국 　스스로 찾아 나가는 방법밖에 없습니다. 그리 어렵지도 않아요. 고전적인 방법으로 동아리에 들 수도 있겠지요. 지금도 학교에 연극반이니 웅변반 같은 모임들이 있지요? 여기서 주제를 하나 정해서 서로 토론하는 겁니다. 이는 모임을 끌어가는데도 도움이 되지요. 예컨대 연극반이라면 각자 맡은 인물에 대해 토론을 하는 겁니다. 어떻게 하면 좀 더 그 인물을 잘 살릴 수 있을지, 왜 저 인물은 저렇게 행동할 수밖에 없는지 토론하다 보면 큰 도움이 되겠지요.

　　기존에 있는 모임을 활용할 수도 있고 새롭게 독서 토론 모임 등을 만들 수도 있습니다. 책을 읽고 토론하는 것이야말로 토론에 가장 쉽게 접근할 수 있는 방법이에요. 문예 창작반도 좋습니다. 내가 지은 글을 두고 토론을 하면 좀 더 토론에 몰입이 되겠지요. 물론 글쓰기에도 도움이 될 거고요. 학교에서 이런 모임들을 만들고 진행하는 게 가장 가깝고 효과적인 길이라고 생각해요.

질 문 　독서 토론은 친한 친구들끼리도 만들 수 있겠네요.

고성국 　그렇죠. 시간과 비용이 많이 드는 일도 아니에요. 동아리를 한다는 것은 공통의 관심사를 가지고 만난다는 뜻이잖아요. 만

나서 대화할 공통점이 있습니다. 자연스레 토론의 조건이 형성되는 거예요. 억지로 모임 만들고 "자, 이제 토론합시다!" 하는 것보다 훨씬 좋아요.

질 문 청소년들은 토론 경험이 별로 없어서 떨기 쉬운데 초보자로서 토론을 잘할 방법이 있을까요?

고성국 떨리는 건 어쩔 수 없어요. 저도 마찬가지입니다. 30년 아나운서 생활 한 사람도 방송 카메라 앞에 서는 순간은 떨린다고 고백합니다. 오랫동안 방송 진행을 한 저도 막상 마이크 앞에 앉으면 저도 모르게 긴장해요. 물론 초보자처럼 티 나게 떨지는 않습니다만, 대중의 시선 앞에서 긴장하는 건 누구나 마찬가지라고 생각합니다. 긴장해서 토론하기 싫다는 분들에게는 이런 말씀을 드리고 싶어요. 누구나 다 떱니다. 나만 떠는 게 아니에요. 괜히 기죽을 일이 아닙니다. 내가 떨면 토론 상대방도 떱니다. 방송 전문가도 그렇고 연예인도 마찬가지입니다. 이렇게 생각하면 마음이 편해지면서 긴장이 덜할 거예요. 많은 사람 앞에서 내 생각을 말한다는 건 쉬운 일이 아닙니다. 어렵지요. 그러나 한번 해보면 다음에는 좀 덜하고 그다음에는 조금 더 덜합니다. 경험이란 게 중요해요. 처음부터 완벽하게 해낼 생각을 하지 말고 조금 서툴러도 된다, 천천히 가자, 이렇게 여유를 가지고 시작하라고 조언하고 싶습니다.

이와 관련해서 개인적으로 기억에 남는 일이 있습니다. 제가 초등학교 6학년 때 전교 학생회장 선거에 나간 적이 있어요. 이때 후보들이 정견 발표를 하는 자리가 있었어요. 제 차례가 되어서 단상에 올라갔는데 그만 바람이 불어 원고가 다 날아가 버린 거예요. 순간 머릿속이 하얘지면서 아무 생각이 나질 않았습니다. (웃음) 몇 초 동안 입 꾹 다물고 있다가 꾸벅 인사하고 내려왔어요. 요즘에는 웬만하면 원고를 외웁니다. 그때의 실수가 좋은 경험이 된 거예요. 사람들 앞에서 실수했다고 세상이 무너지지 않습니다. 그러니 자신감을 가지세요. 요약하자면, 누구나 실수를 하니 너무 부담을 가지지 말자는 것입니다.

두 번째로 처음 토론을 접하는 분들께 말씀드리고 싶은 건, 할 말을 분명하게 정하라는 것입니다. 내가 오늘 해야 할 말이 뭐냐, 내가 이 자리에 선 이유가 뭐냐, 를 뚜렷하게 정리하십시오. 조금 떨어도 좋으니까 핵심을 놓치지 마세요. 할 얘기를 했다면 그 토론은 성공적인 겁니다. 처음부터 조리 있게 좌중을 압도하면서 토론하기란 어려운 일입니다. 차근차근 준비해 나가다 보면 다음번엔 분명히 좀 더 잘할 수 있을 거예요.

좋은 토론자 되기

질 문 토론이라는 게 나만 잘하면 되는 게 아니잖아요. 상대가 있고 그들과 함께해야 하니까 말이죠. 이때 만약 '나쁜 토론자'를 만나면 어떻게 하죠?

고성국 사실은 좋은 토론자를 찾기가 정말 어려워요. 나쁜 토론자 사례가 너무 많습니다. (웃음) 제 경험을 토대로 그중 두 부류를 꼽으라면 다음과 같습니다. 첫째가 무성의한 토론자입니다. 다 아는 얘기를 대충대충 하는 스타일이에요. 준비도 미흡하고 진정성도 없습니다. 이런 사람은 기본이 안 된 토론자라고 생각합니다.

그다음이 적개심을 갖고 토론을 시작하는 사람입니다. 이런 사람들은 토론을 전쟁으로 생각해요. 죽기 아니면 살기입니다. 정치 토론의 경우가 더 심해요. 토론이라는 게 상대 이야기 중에서도 수긍할 부분이 있으면 인정하고 들어가야 하는 건데 이런 토론자들은 절대 그러지 않아요. 본인 의지 때문만은 아닙니다. 상대를 공격하면 응원 메시지가 들어오는 반면, 상대의 의견에 호응이라도 하면 나중에 핀잔을 듣게 되는 경우가 있기 때문이죠. 왜 상대편에 유리한 행동을 했느냐는 거지요. 이런 토론자는 남의 얘기를 들을 준비가 안 된 토론자입니다. 이런 사람들과 토론이 잘될 리 없죠.

질 문 말씀하신 토론자들을 상대할 때는 어떻게 하십니까?

고성국 저는 무성의한 토론자에 대해서는 끝까지 성의 있게 대합니다. 그러면서 본인들이 얼마나 무성의한지 스스로 느끼게 해줍니다. 저는 그게 무성의한 토론자를 상대할 때 가장 효과적인 방법이라고 생각해요. 스스로 부끄럽게 생각하도록 하는 거예요. 그다음 적개심으로 똘똘 뭉친 토론자에게는 내재적인 토론을 해줍니다. 무슨 말이냐 하면, 작심하고 싸우려 드는 토론자도 자기 논리가 있기에 이를 역이용하는 겁니다. 이들은 공격성이 앞서기 때문에 논리가 허술합니다. 비약이 많이 생기죠. 그럴 때 그 사람의 논리 속으로 들어가 빈틈을 하나하나 짚어 주면 약해지게 되어 있어요. 차분하게 대응을 하면 됩니다. 공격적인 토론이라는 게 사실은 감정에 기반한 것이

거든요. 그런 상대는 위태위태한 말 위에서 싸우는 장수와도 같습니다. 장수를 공격할 게 아니라 그 말을 공략하면 됩니다. 그 사람이 타고 있는 말, 즉 논리가 얼마나 취약한지 알려 주면 돼요. 그걸로 끝입니다. 제풀에 지쳐 쓰러지게 돼 있어요.

좋은 질문과 좋은 답변

질 문 토론에서 우리가 보통 '핵심을 찌르는 질문'이라는 표현을 씁니다. 여기에 요령 같은 게 있나요?

고성국 "핵심을 찌른다"는 표현에는 두 가지 의미가 있을 겁니다. 하나는 '핵심'에 있지요. 복잡한 문제의 포인트를 잘 짚어서 질문한다는 뜻입니다. 그러려면 당연히 토론 주제를 잘 파악하고 있어야 합니다. 무엇에 대해 이야기하는지를 알아야 핵심을 골라낼 수 있지 않겠어요? 사실 사물의 핵심은 보통 가려져 있습니다. 빙산의 일각처럼 우리가 보는 현상은 극히 일부에 불과합니다. 우리는 그 이면에 깔린 것들까지 모두 파악하고 있어야 해요.

두 번째는 '찌른다'에 있습니다. 무엇을 찌르느냐, 바로 보통은 건드리기 어려운 '성역'입니다. 예를 들면 우리 사회가 많이 민주화되었지만 여전히 권위주의적 흔적들이 남아 있습니다. 대통령과 관련된 것, 언론과 관련된 것, 또는 삼성과 관련된 것은 지금껏 애매하게 성역처럼 남아 있어요. 여기에 대한 질문은 뭉뚱그리거나 피합니다. 이걸 에둘러가지 않고 정면으로 마주했을 때 핵심을 '찌르'게 되는 것이에요. 보통은 피해 가고 싶은 것들이 핵심과 관련된 것일 때가 많습니다. 이걸 과감하게 물었을 때 "핵심을 찌르는 질문"이 가능합니다.

질 문 청소년이라면 "꼭 대학을 가야 하나?" 같은 게 핵심을 찌르는 질문일 수 있겠네요.

고성국 그렇습니다. "왜 공부를 해야 하느냐?"보다는 "왜 대학을 가야 하느냐?"가 좀 더 구체적이고도 현실적인 질문이지요.

질 문 지금까지 질문에 대해 말씀하셨는데요. 이번에는 대답의 기술에 대해 말씀을 해주셨으면 합니다.

고성국 대답을 잘하는 법은 간단합니다. 상대가 궁금해하는 부분에 대해 먼저 답을 하는 거예요. 당연하지 않느냐고요? 하지만 현실에서는 에둘러서 말하거나 한참 다른 얘기를 한 끝에 답하는 게 보통입니다. 대체로 중요한 말을 나중에 합니다. 저는 이런 식의 답변이 좋지 않다고 생각해요. 그래서 토론 참석자가 장황하게 설명할라치면 중간에 말을 끊습니다. 결론을 먼저 얘기해 달라고 요청해요. 시간 때문이 아닙니다. 아까도 잠시 말씀드렸습니다만, 먼저 중요한 메시지를 전달하는 것이 좋은 토론 방법이라고 생각하기 때문이에요. 결론을 먼저 말하고 그 이유를 보완 설명하는 방식이라면 매우 뛰어난 답변이 될 수 있습니다. 답하기 역시 두괄식이 좋습니다.

자기소개 잘하는 법

질 문 사람들 앞에서 자기소개를 할 때가 많은데요. 말로 하기도 하고 글로 하기도 합니다만, 어떻게 하면 자기소개를 잘할 수 있을까요?

고성국 누구나 한 번쯤은 자기소개를 합니다. 보통은, 저는 삼남 일녀 중 막내로 태어나 초등학교를 우수한 성적으로 졸업하고 취미는 어떻고……. 이렇게 나갑니다. 자기소개서 중 삼 분의 이가 이래요. (웃음)

　　자기소개는 듣는 사람, 보는 사람이 궁금해하는 걸 말해야 합니다. 물론 조상 대대로 형성된 사회적·역사적 배경도 자기를 설명하는 데 중요한 부분입니다. 하지만 과연 다른 사람들도 그걸 알고 싶어할까요? 그보다는 내가 어떤 생각을 하는지, 어떻게 살기 원하는지를 더 궁금해 하지 않을까요? 그걸 말해 주면 됩니다. 가족 이야기는 필요할 때 적절하게 부연하면 돼요. 자기소개의 핵심은 '나'라는 사람의 생각입니다. 이걸 잘 정리해서 전달하면 돼요. 물론 쉽지는 않습니다. 왜냐하면 평소에 '나'라는 사람에 대한 인식이 잘 정리되어 있는 사람은 없거든요. 그런 상태에서 막 정리하려니 어려운 거예요.

보통 우리는 학교 나와서 취업하고 결혼하고 아이를 키우면서 나이를 먹습니다. 내 의지와 관계없이 주어진 사회적 일정에 맞춰서 살아가요. 그런데 느닷없이 너는 누구냐? 네가 꿈꾸는 삶은 어떤 것이냐? 이런 질문을 한다면 답하기가 쉽겠어요? 자기소개는 본질적으로 그런 물음입니다. 내가 누구인지 말하려면 그동안 관성적으로 해오던 일들에 의미를 물어야 합니다. 뒤집어 말하면 그것은 문득 멈춰 서서 지금까지의 나를 돌아보는 좋은 기회이기도 합니다. 나는 무엇을 꿈꾸고 있나, 나는 어떤 삶을 살고자 하는가? 중요한 질문을 스스로에게 해보는 계기가 될 수 있어요.

며칠이라도 고민하고 준비해서 자기소개서를 써 보세요. 처음엔 아무 생각이 안 나다가도 어느 순간 답이 하나둘 나옵니다. 예를 들어, 나는 누군가에게 도움이 되는 삶을 살고 싶다는 생각이 들 수 있어요. 그러면 거기서 시작하는 겁니다. 또 어떤 사람은 아름다운 그림을 그리고 싶다던가 좋은 음악으로 사람들을 즐겁게 해주고 싶다고 느낄 수도 있고요. 청소년이라면 모든 것이 가능한 시기입니다. 마음껏 생각하고 꿈을 꾸는 겁니다. 내가 좋아하는 일, 내가 잘할 것 같은 일, 이런 걸 자기소개서에 쓰는 거예요. 그런 후에 할아버지, 아버지 이야기를 하면서 그분들의 삶이 나의 이런 결정에 어떤 영향을 미쳤는지를 쓰면 좋은 부연 설명이 됩니다.

질 문 마지막으로, 말하기와 관련해서 저희가 본받을 만한 분들을 소개해 주시겠어요?

고성국 앞서 세종대왕과 정조 이야기를 해드렸는데요, 두 사람 모두 국정 운영의 제일 중요한 수단으로 토론을 이용한 사람들입니다. 공론 정치를 실천한 사람들로 그들의 삶을 책이나 자료를 통해 살펴볼 것을 권합니다.

외국으로 시야를 넓혀 보면, 고대 그리스 아테네를 토론 민주주의의 전형으로 꼽을 수 있겠습니다. 그리스 민주주의의 대표적인 정치인이 바로 페리클레스입니다. 페리클레스의 연설은 아테네 시민의 자부심이었다고 할 정도로 유명했습니다. 그의 연설을 듣고 조국을 위해 싸움에 나선 시민들이 무수히 많았어요. 이는 증오에 기반한 선동과는 달랐습니다. 그는 토론을 통해 나라를 지키려면 어떻게 해야 할지를 정하고 자발적으로 싸움에 나서도록 유도·설득했던 거예요. 그야말로 토론의 힘이 나라를 지킨 겁니다.

동양의 공자와 맹자도 토론 정치의 전형을 보여 줍니다. 이들은 평생 제후들을 찾아다니면서 토론을 했어요. 공자는 노자, 장자 등과 토론하고 맹자는 묵가, 법가 등과 토론합니다. 비록 살아생전에 그들의 사상을 실현하지는 못했지만 그 후 2000년 넘게 그들의 사상이 전해 내려옵니다. 후진들은 그들의 학문을 익히고자 애쓰지요. 그 힘은 어디에서 나온 걸까요? 바로 '토론'입니다. 경쟁자들과 제자들과 끊임없이 토론했던 그들의 업적이 후대에 빛을 발한 거예요.

이처럼 역사를 돌아보면 토론이 얼마나 중요한 역할을 했는지 알 수 있습니다.

오늘날 우리는 심한 사회적 갈등을 겪고 있습니다. 이를 해소하고 통합된 힘으로 나아가려면 토론이 필요해요. 다른 방법은 없습니다. 예전처럼 '무데뽀'로, 폭력적으로 밀고 나가기엔 시대가 변했습니다. 우리가 토론을 잘해서 지금의 정치적·사회적 갈등을 넘어설 수 있으면 선진국이 되는 거고, 토론을 잘못 해서 갈등이 계속 확산되면 발전은커녕 퇴보할 수 있다는 얘기입니다. 다시 말해 토론에 나라의 운명이 걸려 있는 그런 시점에 와 있다고 할 수 있는 거죠. 청소년 여러분들이 좀 더 자유로운 토론과 말하기를 익히고 실천하는 것은 곧 나라의 미래를 결정하는 것입니다. 우리나라의 미래가 바로 여러분들의 토론과 말하기 능력에 달려 있습니다.

자아 혁신과
민족 개조*

우리 민족의 수는 2천만, 우리 민족의 역사는 4천여 년, 국토는 3천 리, 전 세계의 국별로 비해 본다면 적은 수도 아니요 작은 국토도 아닙니다. 역사로는 동양에서 제2입니다. 이런 오랜 역사에는 찬란한 페이지도 적지 않았습니다.

그러나 지난 경술국치로 금일 이 비참한 환경 속에서 신음하게 된 원인은 무엇이냐? 고요한 밤, 두 손을 가슴에 얹고 곰곰이 생각해 보십시다. 우선 이조 5백년 역사는 당파 싸움의 역사입니다. 나랏일을 위하여서 하는 당파 싸움이면 나라가 망할 수 없겠지요마는, 당파만을 위하는 사리사욕뿐이기 때문에 나라가 망한 것이요, 정권을

* 독립운동가 안창호(1878~1938)가 1919년 상하이 북경로 예배당에서 행한 연설 전문이다.
연설문 출처 : 『역사를 만든 한국의 명연설1』 (허도산 편저, 팔복원 펴냄) 중에서.

탐내는 목적이 적의 당파를 섬멸하고 국가를 당파의 낭중물로 만들려고 하는데 보십시오! 이조 초기에는 불교에 대한 유교의 파쟁이니, 이것은 세종, 세조에 격렬하다가 중종, 명종에 이르러 유교의 독단으로 끝을 맺고, 이 파쟁으로 약해진 국력이 임진왜란과 병자호란을 유치하였고, 중종 때부터 이른바 사화란 것으로 발단한 같은 유교도끼리의 동서 노소 남북의 추한 투쟁은 이씨 5백년을 끝막아 버리고 말았소. 그들은 오직 당쟁에만 눈이 빨개서 교육도 산업도 치산치수도 다 돌아보지 아니하고, 오직 적을 죽이고 저를 보전하기에만 전력하였소.

대신은 이름만 대신이지, 대신 자리에서 나랏일은 생각하지 않고 국가와는 천부당만부당한 일만 하였으니 '연이(然而)코 불망자미지유야(不亡者未之有也)'가 아니고 무엇이리오.

이조 말 갑신에는 김옥균 등의 독립당과 민씨족의 사대당이 싸웠고, 또 청일전쟁 당시에는 친일파와 친청파, 노일전쟁 당시에는 친일파와 친로파의 당쟁이 있지 않았습니까? 그리고 또한 이조 5백년 역사는 공담공론의 역사였습니다. 입으로는 수신제가(修身齊家) 치국평천하(治國平天下)라는 등 허장성세의 호언장담으로 천하 영웅같이 생각하고 공담공론에 수종되는 부산물은 오직 쟁론과 모해밖에 없었습니다.

실천 없는 이론은 먹을 수 없는 양식과 같습니다. 우리는 5백년래에 수신제가 치국평천하의 말만 하고 그 일을 하지 아니하였습니다. 마치 소에게 무엇을 먹여야 가장 좋다는 토론으로 세월을 보내다가

소를 굶겨 죽인 것과 같습니다. 풀 한 짐 베어다 먹이는 것이 백의 이론보다 나았을 것입니다. 오늘의 독립운동에 대하여서도 마찬가지입니다.

저는 아무것도 하지 아니하면서, 무엇을 하고 있는 남을 비판하기만 일삼았습니다. 그 자비(自非)를 식(飾)하고 타인에게는 책(責)합니다. 저는 아무것도 할 것이 없으니까 책임이 없습니다. 또 제게는 잘못이 있더라도 꾸며 버립니다. 남이 애써 했더라도 왜 더 잘 못하였느냐고, 그렇게 해서 쓰겠느냐고 자책합니다. 그러므로 모든 죄과는 다 무슨 일을 한다는 남들에게 있다고 보고, 저는 권외에서 험담이나 하는 사람으로 압니다.

그러하기 때문에 이조 5백 년에 경제적으로나 문화적으로나 위대한 유산이 적고, 오직 갑론을박뿐으로 협조를 모르고 음해뿐이요, 찬양을 모르고 훼손뿐이요, 동족상반, 골육상쟁, 산비(酸鼻)할 기록이 있을 뿐입니다. 심지어 이렇다 할 건물이나 토목공사 하나 크게 자랑할 것이 없지 아니합니까? 그리고 우리 2천만 동포는 거의 책임을 모르고 저의 입장을 망각하는데 큰 두통거리입니다.

여러분! 망국의 책임자가 누구요? 언필칭 우리나라를 팔아먹은 사람을 이완용, 이용구라고 하지요. 우리 2천만 대한 국민 속에는 네나내나 죄다 들지 않습니까? 그러면 이완용, 이용구로 하여금 나라를 팔게 한 것이 우리 국민이니 나를 뺀 국민이 어디 있소!

그런데 우리는 일본을 원망하고, 이완용을 원망하고, 우리 국민의 무기력함을 원망하고, 심지어 우리 조상을 원망하고, 선배를 원망하였으나, 일찍 한 번도 나 자신을 원망한 일은 없었소. 마치 망국의 모든 죄는 다 남에게 있고 나 하나만이 무죄한 피고자인 것처럼 생각하고 있었으니, 이것이 책임 전가가 아니고 무엇이오!

가령 어떤 집이 하나 있고, 그 집에 주인도 있고 나그네나 고용인이 있다고 하면, 그들에게 무슨 차이가 있을까요? 주인은 그 집이 제 집이므로 그것을 사랑하고 아끼고 언제나 그것을 생각하고 그것을 잘되게 하기 위하여 힘쓸 것이요, 나그네나 고용인은 그것은 제 집이 아니기 때문에 제가 편안할 것만 생각하지 그 집 생각은 아니 할 것이오.

묻노니 우리 2천만 민족에는 우리나라의 주인으로 자처하는 이가 많은가요? 나그네나 고용인으로 자처하는 이가 많은가요? 제 집을 아끼고 사랑하고 제 집이 잘되기 위하여 힘든 줄 모르고 일하듯이 제 나라를 위하여서 정성과 힘을 다하는 사람이 주인이라면 우리 민족 중에는 주인이 극히 적다고 생각하오.

이완용은 3천리를 제 집으로 생각하고 그 천만대 후손을 제 식구로 생각하였을까요? 이완용은 제가 한국의 주인이라고 생각하였을까요? 제가 주인이라고 생각하였던들 이완용은 결코 합병조약에 도장을 아니 찍었을 것이오. 만일 일본인이 이완용의 가대(家垈)와 전토(田土)와 자녀를 일본인에게 바치는 도장을 찍으라 하였다면, 아마 그는 죽어도 아니 찍었을 것이오. 그는 아직 대한황제의 나라, 또 2천만 민족의 나라를 팔아서 제 집 하나만을 잘살 수 있으리라고 생각하였기 때문에 합병조약에 도장을 찍었다고 생각하오. 마치 고용인이 주인집 가산을 팔아서 제 재산을 만드는 심리와 같은 것이라고 생각하오.

우리나라에는 나라를 팔아먹은 자가 이 이완용 하나뿐일까요? 나라를 제 것으로 알고 제가 나라의 주인으로 알지 아니하는 사람은 누구나 이완용 모양으로 나라를 팔아먹을 수 있다고 생각하오.

그리고 이완용이 한번 나라를 팔아먹은 뒤에는 다시는 나라를 파는 사람이 없나요? 또는 아직도 있나요? 나는 작은 규모로 나라를 팔아먹는 일은 날마다 수없이 있다고 생각하오. 예를 들면, 상해가상(上海街上)에서 중국인 인력거에게 차세를 적게 주어 한인을 원망케 하는 것도 매국적이라 생각하오. 그는 한인 전체를 미워할 것이 아니겠습니까?

그러면 우리나라의 주인은 누구요? 대한민국 임시정부. 대한민국 임시정부의 주인은 누구요? 대통령. 대통령의 주인은 누구요? 대한민국. 우리 2천만 민족 대한 국민, 우리 2천만 민족은 누구요? 우리들 모두. 우리를 모두란 누구요? "대한민국아 나서라" 하고 하느님께서 부르신다면, "예" 하고 나갈 자가 누구요? 나는 "나 안창호"라고 대답할 것이오. 여러분도 각자 "나외다, 나외다" 할 것이니, 우리 대한 사람은 남자나 여자나 저마다 다 대한 국민이요, 저마다 대한의 주인이요, 대한민국 정부의 주인이오.

대통령은 우리가 뽑아서 우리의 대표로 우리의 지도자로 내세웠고, 우리는 그에게 이러한 법률에 의하여 이러한 일을 하여 달라고 부탁하였고, 그는 "그리하마" 하고 약속하였소.

그 '우리'라는 것은 곧 '나'요, '우리'라는 말이 심히 좋은 말이거니와 이 말을 책임 전가나 책임 회피에 이용하는 것은 비천한 일이오. 책임에 대하여서는 "우리 것이다" 하는 것이 도덕에 맞는 언행이라고 하오. 그러면 대통령은 우리의 법과 우리의 여론에 복종하고, 나는 대통령의 명령과 지도에 복종하오. 우리라 할 적의 '우리'는 대통령보다 높고, 나일 적의 '나'는 대통령보다 낮다고 생각하오. 우리 대통령으로는 우리가 감시하고, 내 대통령으로는 내가 경애하여야 할 것입니다.

그러므로 나는 금일 경술국치에 대하여 우리나라를 망하게 것이 일본도 아니요, 이완용도 아니오. 그러면 우리나라를 망하게 한 책임자가 누구요? 그것은 다 나 자신이오. 내가 왜 일본으로 하여금 내 조국에 호아(狐牙)를 박게 하였으며, 내가 왜 이완용으로 하여금 매국을 용허하였나. 그러므로 망국의 책임자는 곧 나 자신이오.

우리 민족 각자가 한국은 내 것이오. 한국을 망하게 하거나 흥하게 하는 것이 내게 달렸다고 자각하는 때에 비로소 민족 부흥의 여명이 오는 것이라고 확신합니다. 그러나 우리 민족은 국치의 금일 불행의 책임을 자기 이외에 돌리려고 하니, 대관절 당신은 왜 못나고 남만 책망하시오. 우리나라가 독립이 못 되는 것이 '아마 나 때문이로군' 하고, 왜 가슴을 두드리고 아프게 뉘우칠 생각은 못 하고, 어찌하여 내가 죽일 놈이라고 왜들 깨닫지 못하시오!

현재 전 세계에서 영미인이 가장 우월한 지위를 점유하고 있거니와, 이 우월한 국민성은 수양과 노력이 있기 때문이라고 믿습니다.

왜 그런가 하면, 세상만사 우주의 모든 현상은 다 정확한 인과관계의 지배를 받는 것이므로, 영미인이 탁월한 지위를 가진 것이나 우리 민족이 비천한 처지에 있는 것이나 다 인과관계지, 결코 우연이 아니라고 생각합니다.

그러므로 우리가 잘사는 남과 못사는 우리를 비교하면 우리의 진로가 분명해지리라고 생각하는 동시에, 우리 동포들은 자연계의 인과는 아니 믿는 사람이 없으면서도 인사의 인과는 잘 믿지 아니하는 것 같습니다.

보십시오. 가령 벼를 심으면 벼를 거두고, 또 거름을 준 벼는 아니 준 벼보다 많이 나고, 김을 세 벌을 맨 논은 두 벌을 맨 데보다 소출이 많다는 것은 누구나 믿으면서도, 남은 잘사는데 저는 못사는 것 같은 것은 그러한 원인에서 오는 필연한 결과라고 생각하지 아니하고, 운수니 요행이니 하여 남이 잘된 것은 요행, 제가 못된 것은 불운이라고 생각하니, 이것이 인과를 무시하는 것이 아니고 무엇입니까?

인과를 아니 믿는 사람의 특색은, 첫째로 제가 당하는 일의 책임이 제게 있다고 아니하고 혹은 하늘에, 세상에 원망을 돌리는 것이요, 인과를 믿는 사람의 특색은 제가 받는 것은 다 제가 지은 일의 필연한 값이요 갚음이라고 알기 때문에, 제게 불행이 있을 때에는 제 마음과 제 행실을 반성하고 검토하여서 지금 받는 불행의 원인이 어디 있는가를 알아내면서 그것을 고치거나 제외하기를 힘쓸 것입니다.

이에 나는 '자아 혁신, 민족 개조'를 부르짖습니다. 진정한 민족 향상은 우선 지도자층의 각원의 자기 개조가 아니고는 달할 수 없는 것입니다. 한번 망국한 민족이 그대로 흥국하는 민족이 되기를 바라는 것은 쓰러진 집에 썩은 재목으로 새집을 세우려는 것과 마찬가집니다. 이러하기 때문에 역사상으로 보더라도 한번 쇠하기 시작한 민족은 부흥의 고개로 거슬러 오름이 없이 멸망의 구렁으로 굴러 떨어지기 쉬운 것입니다.

그런데 우리 민족의 현재 상태로는 비약의 가망이 묘연하니 무엇보다 민족 혁신 운동이 시급합니다. 이를테면 우리 민족은 도덕적으로나 지식적으로나 경제적으로나 저 영미 국민만 한 정도에 끌어올려야 우리나라가 영미만 한 나라가 될 것이니, 민족의 역량은 요만한 채로 국가의 영광은 저만치 바란다는 것은 어리석은 생각이라고 아니할 수 없습니다.

그러므로 아무리 하여서라도, 그야말로 무슨 짓을 하여서라도 우리 민족의 품격과 역량의 향상을 도모하여야 하겠고, 또한 급속히 서둘러야 되겠습니다. 우선 상하이에 있는 지도자라고 자칭하는 일류 인사들부터 사정없이 냉혹하고 늠연하게 자기를 양심의 법정에 피고로 내세워서, 반성하고 비판하여 '자아 혁신'의 본보기가 되어 재출발합시다.

그러므로 나 한 사람이 성(誠)의 인(人)이 되는 것만으로 벌써 민족의 힘이 되는 것입니다. 제가 지성(至誠)의 인이 되지 아니하고, 다만 구설과 교지를 농하는 것은 결코 국가 민족을 위하는 소이가 되지 못합니다. 그것은 마치 제가 의술을 학습하지 아니하고 중생의 병을 고

치려는 것과 같습니다. 세상에는 이러한 애국자가 적지 아니합니다.

그리하여 최후 결론을 이렇게 외칩니다. 그대는 나라를 사랑하는 가? 그러하거든 먼저 그대가 건전한 인격이 돼라. 중생의 질고를 어여삐 여기거든 그대가 먼저 의사가 돼라. 의사까지는 못 되더라도 그대의 병부터 고쳐서 건전한 사람이 돼라.

시애틀 추장의
꿈

헤아릴 수 없는 긴 세월 동안 우리 조상들에게 연민의 눈물을 뿌려
주고, 영원할 것 같기만 하던 저 하늘이 바뀔지 모르겠다. 오늘은 맑
지만 내일은 구름으로 뒤덮일지 모른다. 내 말은 결코 지지 않는 별
과 같다. 당신네 백인 형제들이 계절이 다시 돌아옴을 믿듯이, 워싱
턴 대추장은 나 시애틀의 말을 깊이 신뢰해도 좋다.

백인 추장이 보낸 젊은이가 말하기를 그들의 대추장이 우리에게
우정과 선의의 인사를 보낸다고 한다. 친절한 일이다. 그들 종족의

• 시애틀 추장(1786~1866)이 미국 정부가 파견한 대표들과 조약 체결을 협상 중이던 1854
년 행한 연설 전문이다. 이때 참석했던 헨리 스미스 박사가 이 내용을 기록했는데, 1887년
10월 29일 〈시애틀 선데이 스타〉에 게재되면서 세상에 널리 알려졌다. 시애틀 추장의 연설
문과 관련해서는 수많은 이본이 존재한다. 이와 관련해 시애틀 추장의 후손들은 헨리 스미
스 박사가 기록한 연설문을 1982년 정본으로 승인했다. 연설문 출처: 『어떻게 공기를 팔 수
있다는 말인가』 (옮긴이 이상, 가갸날 펴냄) 중에서.

수가 무척 많아서 우리의 우정 따위는 필요로 하지 않음을 잘 알기 때문이다. 그들은 저 너른 대지를 덮고 있는 풀처럼 무성한 반면에, 우리 부족은 마치 폭풍우가 휩쓸고 지나간 벌판에 듬성듬성 남아 있는 나무처럼 수가 적다.

선한 사람으로 짐작되는 백인 대추장은 우리 땅을 사고 싶다는 의사를 전해 왔다. 우리가 편하게 살 수 있는 충분한 땅을 마련해 줄 용의가 있다는 말과 함께. 이것은 정말 관대한 일이다. 홍인(紅人)은 이미 존경 받을 권리를 잃어버렸기 때문이다. 그리고 우리에게 더 이상 넓은 땅이 필요한 것도 아니기 때문에 그것이 현명한 제안일지도 모르겠다.

바람에 일렁이는 파도가 조가비 가득 널린 바닷가를 뒤덮듯, 우리 부족이 온 대지를 가득 메운 시절이 있었다. 하지만 그 시절은 이미 오래전에 사라져버렸고, 부족의 위대함도 이제는 거의 잊혀졌다. 나는 우리의 때이른 쇠락을 슬퍼하지 않을 것이며, 우리의 몰락을 재촉했다 하여 백인 형제들을 비난하지도 않을 것이다. 우리도 비난받아야 할 부분이 있을 것이기 때문이다.

우리 부족의 젊은이들이 불의에 대한 분노로 자신들의 얼굴에 검고 흉측한 문양을 새겨 넣으면, 그들의 마음 역시 일그러져 검게 변하고 만다. 그 불의가 사실이든 혹은 상상 속에서 만들어진 것이든. 그들의 잔혹성은 무자비할 뿐 아니라 그 끝도 없다. 하지만 우리 늙은이들은 그들을 만류할 수 없다.

홍인과 백인 형제들 사이의 적대감이 다시는 재발하지 않기를 바란다. 그것은 해만 될 뿐 아무런 이득이 없다. 설령 목숨을 잃는 대가를 치르더라도 우리의 젊은 용사들이 복수를 통해 얻을 게 있다고 생각하는 것도 사실이다. 하지만 전쟁 때 집에 남아 있는 늙은이들과 아들을 잃게 될 어머니들은 생각이 다르다.

우리의 위대하고 선한 아버지 워싱턴은, 그의 종족 가운데 대추장의 한 사람임이 분명한 젊은이를 통해, 그가 원하는 대로 따르면 우리를 보호해 주겠다는 전갈을 보내왔다. 조지(George)가 그의 영토를 북쪽까지 넓혔으므로, 워싱턴은 이제 당신들뿐 아니라 우리의 아버지이기도 할 것이다.

그의 용감한 군대는 우리의 든든한 보호벽이 될 것이고, 그의 거대한 전함들이 우리 항구를 채우면 북방에 있는 우리의 오랜 적 씸시안스(Tsimshians) 족과 하디아스(Hadias) 족이 더 이상 우리 부족의 여인네들과 노인들을 위협하지 못할 것이다.

하지만 그런 일이 과연 가능할까? 당신들의 신은 당신들을 사랑할 뿐 우리 부족은 미워한다. 그는 튼튼한 팔로 백인들을 사랑스레 감싸 안고 아버지가 어린 아들을 끌어주듯이 그들을 이끌지만, 피부가 붉은 자녀들은 내버렸다. 당신들의 신이 하루가 다르게 당신들을 강성하게 만들고 있기에, 조만간 백인들이 온 대지를 가득 채울 것이다. 반면에 우리 부족은 빠르게 빠져나간 다음 다시는 돌아오지 않는 썰물처럼 스러져가고 있다.

백인들의 신은 피부가 붉은 자식들을 사랑할 수 없다. 그렇지 않다면 우리를 보호해 주었을 것이다. 우리는 고아와 같아서 기댈 곳이라곤 없다. 어떻게 우리가 형제가 될 수 있겠는가? 어떻게 당신들의 아버지가 우리 아버지가 될 수 있겠는가? 어떻게 우리에게 번영을 가져다주고, 영광을 재현하려는 꿈을 일깨워줄 수 있겠는가?

당신들의 신은 우리에게는 불공평해 보인다. 그는 백인을 찾아왔다. 우리는 그를 본 적이 없다. 그의 음성을 들은 적조차 없다. 그는 백인들에게는 율법을 주었지만, 별들이 푸른 하늘을 채우고 있듯이 이 광대한 대륙을 가득 메웠던 수백만 명의 붉은 자식들에게는 아무런 말도 들려주지 않았다.

그렇다! 우리 둘은 서로 다른 종족이고, 언제까지나 그렇게 머물러야 한다. 우리 사이에는 공통점이라곤 없다. 우리 조상들의 유골은 신성하며, 그들의 마지막 안식처는 거룩한 곳이다. 하지만 당신들은 아무런 미련도 없이 조상들이 묻혀 있는 곳에서 멀리 떠나왔다.

당신들의 종교는 성난 신의 강철 손가락으로 석판 위에 쓰였다. 당신들이 잊어버리지 않도록 하기 위해서였다. 홍인은 그런 것은 기억할 수도 이해할 수도 없다.

우리의 신앙은 우리 조상들이 물려준 전통이고, 위대한 정령(Great Spirit, 아메리카 인디언의 주신主神)이 가져다준 지혜로운 노인의 꿈이자 우리 추장들의 예지력으로서, 우리 부족의 가슴 속에 새겨져 있다.

당신들의 죽은 조상은 무덤 입구를 지나고 나면 더 이상 당신들과 자신의 고향을 사랑하지 않는다. 그들은 저 멀리 별 무리 너머의 세계를 헤매고 돌아다닌다. 그리고는 곧 잊혀지고 다시는 돌아오지 않는다. 우리 조상들은 그들이 살았던 이 아름다운 세상을 절대 잊지 않는다. 그들은 굽이쳐 흐르는 강과 웅장한 자태의 산, 그리고 그 사이의 외딴 계곡을 변함없이 사랑한다. 그리움에 사무쳐 하는 산자들을 언제나 지극한 애정으로 보살피고, 종종 다시 찾아와 위로해준다.

밤과 낮은 함께 살 수 없다. 떠오르는 아침 해에 산자락을 휘감고 있던 안개가 달아나듯, 우리 홍인들은 백인들이 다가오면 언제나 뒤로 물러서왔다.

하지만 당신들의 제안은 타당한 것으로 보인다. 우리 부족원들이 그 제안을 받아들여 당신들이 제공하는 보호구역으로 이주할 것으로 생각된다. 우리는 서로 떨어져서 평화롭게 살 것이다. 백인 대추장의 말이 짙은 어둠 속에서 우리 부족에게 들려주는 대자연의 목소리처럼 들리기 때문이다. 한밤의 바다에서 육지로 밀려오는 한치 앞도 분간할 수 없는 안개만큼이나 빠른 속도로 짙은 어둠이 우리를 에워오고 있다.

우리가 어디서 여생을 보낼 것인지는 별로 중요하지 않다. 남은 시간이 얼마 되지도 않는다. 인디언들의 밤은 칠흑같이 어두울 것이다. 지평선 위에는 단 하나의 별빛도 보이지 않는다. 슬픈 바람 소리만이 멀리서 흐느껴 운다.

홍인이 가는 길 위에는 암울한 형벌이 도사리고 있다. 사냥꾼의 발소리를 듣고 있는 상처 입은 암사슴마냥, 어디를 가든 무자비한 파괴자가 다가오는 발자국 소리를 들으며 최후를 맞이하게 될 것이다.

달이 몇 번 찼다가 기울고 몇 번인가의 겨울을 보내고 나면, 한때는 이 광대한 땅을 가득 메운 강력한 주인이었건만 이제는 작은 무리로 흩어져 광야를 떠돌고 있는 위대한 부족은 아무도 남지 않게 될 것이다. 그러면 한때 당신들만큼이나 강하고 희망에 넘쳤던 우리 부족의 무덤 앞에서 울어줄 사람 하나 없게 될 것이다.

하지만 왜 우리가 푸념이나 하고 있어야 하는가? 왜 내가 우리 부족의 운명을 슬퍼해야 하는가? 부족이란 그저 한 사람 한 사람의 개인이 모여 형성된 것일 뿐, 더 특별할 것도 없는 것이거늘. 사람은 바다의 파도처럼 왔다가 간다. 눈물도, 기도도, 만가(輓歌)도, 사람도 우리의 그리운 시야에서 영원히 사라져버렸다.

친구 사이에서 그러하듯 자신들의 신과 함께 걷고 대화를 나누는 백인들조차도 이 공통의 운명에서 벗어날 수는 없다. 결국 우리는 한 형제일지 모른다. 언젠가 알게 될 것이다.

당신들의 제안을 곰곰이 생각해보겠다. 결정이 나면 알려주겠다. 하지만 제안을 받아들이게 되더라도, 여기 이 자리에서 분명히 하고 싶은 첫 번째 조건이 있다. 그것은 우리가 아무런 방해도 받지 않고 우리 조상과 친구들의 무덤을 자유로이 방문할 수 있는 권리를 인정해 달라는 것이다.

우리에게는 이 땅의 구석구석 모두가 다 성스럽다. 언덕, 계곡, 벌판, 숲 모두 우리 부족의 아련한 추억이나 슬픈 경험이 깃든 성스러운 곳이다.

태양볕에 시달리며 고요한 해변가에 말없이 누워 있는 듯이 보이는 장엄한 바위조차도 우리 부족의 운명과 관련된 과거의 사건을 떠올리며 전율하고 있다. 당신들 발아래의 흙도 당신들보다는 우리의 발소리에 더욱 정답게 응답한다. 그 흙은 다름 아닌 우리 조상들의 유골이기 때문이다. 우리의 맨발 또한 대지의 다정한 어루만짐을 느낄 수 있으니, 우리 형제들의 삶이 그 속에 충만해 있기 때문이다.

이곳에 살면서 큰 기쁨을 누렸지만 이제는 이름조차 잊혀진 세상을 용사들과 다정한 어머니들, 생기발랄한 처녀들, 그리고 어린 아이들 모두 이 땅을 여전히 사랑한다. 그래서 황혼녘이 되면 그들의 숨은 안식처는 어렴풋한 모습의 정령들이 출현하면서 짙은 그림자에 드리워진다.

마지막 홍인이 이 땅에서 사라지고 그에 대한 기억이 백인들 사이에 신화가 될 때도, 이곳 바닷가는 우리 부족의 보이지 않는 영혼들로 가득 채워질 것이다.

그리고 당신들의 아이들의 아이들이 들판이나 상점, 찻길 또는 고요한 숲속에서 혼자라고 생각할 때도, 그들은 혼자가 아닐 것이다. 이 세상 어느 곳도 고독을 위한 곳은 없다. 밤이 되어 당신네 도시와 마을 거리에 정적이 내려앉고 모든 인적이 끊긴 것으로 생각될 때도, 한때 이곳에 살았고 아름다운 이 땅을 여전히 사랑하는 영혼들이 모여들 것이다. 백인들만 있는 일은 결코 없을 것이다. 우리 부족을 공정하고 친절히 대해주기 바란다. 죽은 사람이라고 해서 완전히 무력한 것만은 아니니.